辯護三十年

塚崎直義著

昭和拾貳年發行

辯護三十年

日本立法資料全集　別巻　1243

信山社

辯護三十年

塚崎直義著

岡倉書房版

はしがき

母に捧ぐ

今この書を出版するに當り、私は、あの時、あの夜のことが思ひ出されてならない。木枯のぴようぴようと吹く夜の、圍爐裡によつて、榾火をくべながら、沒落の家運と、將來のことどもについて細々と語る、母の慈悲深い顏が、浮彫のやうに、まざまざと私の胸に蘇返つて來る。母の情の籠つた聲を、今も尙、聞く思ひで、私は四十年前のことを考え續ける。

一家は村一番の酒造家であつたが、印鑑を僞造されて、保證人に名を連ねた爲二審までの爭ひも空しく、敗訴の言渡しを受け、一家は顚落の沼に叩き落された。何も知らぬ弱き者、それを救ふてだてはないものか。幼い私は松風の彼方に屢々と軒を並べる酒倉を眺めながら、如何に若き日の感傷に浸つたことだらうか、母の言葉「弱い者、力無きものを助ける人になつてくれ」の一言は、天啓の如く私の胸に閃いた。そうだ、私は寧ろ激勵されながら、母一人を殘して笈を負つて鄕關を出た。

學校を出て間もなく、此の道に入つた。私は恩師高木益太郎先生の這へば立ての純情に育まれて、どうやら、あと三、四年で、卅年の日月を閲することになつた。然し乍ら振り顧り見れば、唯茫々卅年、無爲に過した過去を思ふ時、心中甚だ忸怩たらざるを得ない。その間の折にふれ、時に應じて書きつけた、よしなしごとを、勸められて、一書に纒めることゝなつたが、これは人に見せるには餘りに、恥しい磯のもしほ草でしかあり得ない。然し私にとつて見れば、過去卅年の歴史、私の歩んで來た道の、里程表を再び振り返へる氣持の記念品でもあらうか。卅年といへば長くもまた短い。空々漠々として過して來た過去の落穂を拾ひ集めて、一書を編むに當つて、私の辯護士生活への彈條となつた慈母を思ふこと頻り、「弱き者の爲に」幾分なりとも母への蓄を果しつゝある私は、その印として貧しきこの一書を母の墓前に捧げて、その靈を慰めたいと思ふ。

昭和十二年一月十日

著者識

目次

辯護三十年　目次

法窓随筆

塚崎直義

五・一五事件と切腹論

一

五・一五事件海軍公判廷で、満廷の視線を浴びて自席に立上つた山本検察官は堂々とその名論告を進めて、四十七士處分論に關し、

荻生徂徠の說を引用し、

「四十七士の行動は、被告人等の行動とは勿論同一性質のものではなく、又當時と今日とは、法制の組織完備等の點も異なつて居りますから、これを比較論究するに當りませぬと思ひますが、大體に於て、天下の政道、乃ち國法はこれを正さなければならぬ事、かくの如き犯罪を減刑する如きことあらば、今後の禍亂測るべからざるものなること、等の諸論は古今を一貫したる明論であ

りまして、今に於ても傾聴の値あるものと、存じますが故に、一言こゝに附加致したる次第であります」

と言及した。

勿論五・一五事件の被告と、四十七士とを同一に論ずべきでないことは、検察官と全然同感であるが、その検察官が鮮やかに逆轉して、「古今を一貫したる明論である」と、四十七士處分の精神を、此の事件にも當嵌めようと企圖してゐるに至つては、その認識の程度を疑はざるを得ないのである。果然廷内にあつては、辯護人一同がこの論告を、完膚なきまでに痛撃し、又廷外にあつては中里介山氏が、

「國家民人に對し、純忠なる精神を抱くものに對して、情狀酌量の餘地なしとすれば、これ法、國を殺すものである。被告等の行爲を赤穗義士に引例するは失當である。これは藤原鎌足が、逆臣蘇我を殺したことゝ、その精神を一にするものである云々」

と、軍法會議に宛てて意見書を提出し、これに反駁を加へた事は、當時の新聞紙上に於て明にされた所である。

從つて今改めて是等の點に付き論述する事は省略するが、たゞ私は、辯護の立場上、論告中の、

「かくの如き犯罪を減刑することあらば」の一節に對して深く疑惑を抱き、検察官は四十七士の處分問題に關して、充分に検討、研究を遂げられたものであるかを疑はざるを得ないのである。試みに四十七士處分の理論的主動力となつた、荻生徂徠の法政論なるものを左に掲げて見よう。

「公儀の免許もなきに、猥りに騒動を企つること、是法に於て免さゞる所也。因て今四十七士の罪を決せしめ、士の禮を以て、切腹に處せらるゝものならば云々」

と云ふのであるが、こゝに留意しなければならないのは、徂徠は祖國を忘れて支那に心酔し、自ら三字名を取つて、物徂徠と名乘つた程の人物であるが、その人すら、

「法は枉ぐべからず從つて士の禮をもつて刑を課すべき」ことを説いてゐることである。罪あり卽ちこれを罰するのであつて、刑を課するに禮を以てするといふことは、當時にあつては一種の減刑であつて、現代の法制意識では全然首肯することの出來ない。變態的課刑といふべきであらう。そこに時代の相違があり、意識の差があるのであつて、切腹は卽ち死なり、故に現行法上の死刑と、何等異なるところがないではないかと主張する、馬車馬的謬見は、時代を無視し、人情風俗を度外視した結果であると云はざるを得ない。今赤穂義士のことが問題となつたので、序にその處分論、切腹につき話を進めて見たいと思ふ。

二

赤穂義士が首尾よく本懐を遂げて後、四大名に「何分の沙汰あるまで」御預けの身となつた大石良雄以下十六名は、肥後細川越中守藩邸に送られたが、その時越中守は、態々一同を迎へて、

「此度の一擧寔に神妙であつた。それに圖らず其方達を當家に於て御預り申すことゝ相成り、自分滿足に存ずる」

と挨拶され、義士一同は恐縮感激した。而してその御預け中の待遇であるが、細川家記錄、內藏助手書を見ても判る通り、全く至れり盡せりで、食事の如きも二汁五菜、讀書といつては書籍を貸與し、お八つには菓子を、夜は又藥湯と稱して酒を與へる等、遇するに賓客の禮を以てした。これは獨り細川一家中の心意氣のみではなく、社會一般がさうした氣組であつたことは、爭へない事實である。然し、いやしくも將軍の御膝元を、徒黨を組んで（尤も徒黨の點に就ては、內藏助が切腹直前、細川家の人々に、「各々主君の爲に此擧をなすべく集りたるに、徒黨を組みてといはるゝは不本意だ」といふことを語つてはゐるが）人命を殺傷した騷擾罪の連中をかく好遇したといふことは、現代の意識法律常識では腑に落ち兼ねることで、全く復讐公許、仇討免許の時代なればこそで

ある。扨てその處分に關しては、林大學頭の名教論と、荻生徂徠の法政論とが對立した。林大學頭は、

「忠義の士の現代に出たのは、上の治教風化の海内に普及した結果であるから、嚴刑に處せられることゝなれば、如何にして天下に忠義を奬勵すべきや。寛大の御裁決を乞ふ。」

といふにあつたが、徂徠の、「士の禮を以て切腹」の法政論が勝を制して愈々切腹といふことに決定し、細川邸の一同に御上意が達せられた。その際内藏助は、味ふべき言葉をもつて御上意をお請けしてゐる。

「如何樣の重科にも處せらるべきところ、すべ好く切腹仰付けられ、あり難き仕合に存じ奉ります
る」

また、細川一家の方々と最後のお別れをなす際、

「殊に今日切腹の御沙汰、武士の冥加に協ひたる次第面目此上はござりませぬ」

と、喜色面に溢れてゐたと史家は傳へてゐる。この答をもつてすると、切腹は尠くとも重科でないといふことになる。當時市井の間には、赤穗義士の無罪論が唱へられてゐたが、お上は法の許さざるところとして、是れを有罪とした。ところで如何なる刑をもつて律したかと云ふに、何等の重

科にも處せず（當時の刑は殘酷であつて其重刑は鋸、磔、火刑、梟、斬である）當時の赤穂義士の心情よりすれば、蓋し夢想だもしなかつた、切腹といふ最も輕き罪、武門の榮譽と見るべき刑罰をもつて、臨んだといふことになるのではあるまいか。

最近、新歌舞伎座で、堺事件として脚光を浴びた、土佐藩士の佛人殺傷事件は、また切腹が如何に武士の間に認識され、社會の人心に如何なる印象を、投影してゐたかを如實に物語つてゐる。私は事件を、主として土佐で敢行された、「泉州堺烈擧始末」によつて調べて見たいと思ふ。

事件の筋は明治元年佛水兵が、大阪天保山沖軍艦から約二十名ボートを走らせて泉州堺に上陸、

「市内を横行し、社寺に立込み、靈前を汚し、人家に押入り、物品を掠奪し、婦女を姦せんとする等、暴逆狼藉到らざるなければ」

當時堺警備の土佐藩士、六番隊、八番隊の面々が激怒して、佛人十三名を慘殺した。この事件が日佛間の係爭問題となり、二十士は大阪長堀の藩邸に幽閉されて仕舞つた。その處分に關して、死刑といふ噂が專らであつたが、これを聞いた一同は一夜額を集めて、

「罪科を付して斬に處せんとは何たる沒理法ぞ、又無上の恥辱にあらずや我等死すも、如何で斯る辱刑に甘就すべき。刑場にて斬罪の辱を受くるは必定、たゞ速かに自双すべし」

と協議した上、直ちに重役の許に押しかけ、その苦衷を述べた。然るに其後切腹の御沙汰書を讀み聞かせられて、態度をがらりと一變して仕舞つた。私はこゝで斬罪が一門の恥辱であること、切腹は罪科を付せぬ課刑？であることを感知するのである。

「死刑に處すと云ふは、必定辱刑なるべしと今迄憤恨措く能はざりし十六名、覺えず相視て莞爾と打笑み、喜色滿面に顯はれし其の有樣は、正に是れ炎威赫々、金石を鎔鑠するの苦悶の日、神雨一過して凉氣忽ちに到り心膽爽然たるの感ありき」

と筆者は記してゐる。尚此處に特記すべきは、其際一同に對して、士格の御取扱有之に付左樣心得べき旨言渡され、直ちに絹衣一襲づゝ下渡されたのであつた。皇國の爲に命を落したものに對し、位一級進める表彰の方法はあるが、罪科ある者に對して、一級昇進せしめるといふことは、未だ嘗て聞いた事がない。この場合に於ける切腹は果して課刑であつたか、答へずして極めて簡單明瞭であると思ふ。

私は最近名古屋控訴院長立石氏の祕藏にかゝる、「島田勝摩切腹記錄」を拜見して、面白い一節を拾ふことが出來た。

島田氏は富山藩で、元治元年、同藩家老山田嘉膳が惡逆無道なるを憤つて、これを慘殺したが、お上から切腹を仰付けられ、その御沙汰書に對して、御請書といふものを出してゐる。

右之儀に付、可被斷重罪の所士道に被成御立、重疊難有仕合に奉存候。

といふ一文がそれでこの短い一句の中に當時切腹が武士の間で如何に取扱はれ、認識されてゐたかを語る無言の味ひがあると思ふ。

かうした切腹の事例は、武士道の國日本では探さずともいくらもある事と思ふ。私は以上、二、三の具體的事例に就き側面から眺めて、切腹と武士との關係を、簡單ながら略述した。賢明なる讀者は既に、切腹と死刑が、如何なる對立關係にあるか、切腹の現實的價値評價について、充分なる判斷を準備されたことゝ思ふ。

以下私は、切腹の沿革及び切腹が刑罰史上に於てどんな役割を占めどんな位置にあつたか。文獻を繙きながら筆を進めて見よう。

三

元來切腹は武家時代の刑名で、自刄、自裁、自殺、割腹、自害、腹切を意味するので、自殺の方法として切腹が世に現はれたのは、王朝時代の末年からであつたと思はれる(貞丈雜記參照)。百家説林續編後松日記に、次のやうな興味ある一節がある。

「腹切ることはやゝ下りて、爲朝朝臣、頼政の卿よりぞ書には見えにき。後三年合戰に畫には見えたれど、義經記をおもへば、義經朝臣も腹切る樣の、たどたどしきによりて、忠信が京にてせし手振をまねびて、ものし給へると見ゆれば、其世までは、まだいと、はらきることの、めづらかにてやありけん」、

非常時源氏を背負つて立つた御大將義經公が、腹をさすりながら、切腹傳授を受けたなどゝいふのは、なんとユーモアに富んだ情景ではないか。

切腹の一形態に追腹といふのがあつた。それは元來武士は、君の馬前に討死するのを本分と心得、忠義の極致と考へてゐたので、主君が死ねば、死後までも主君の御供仕らんと、故意に殉死する爲に、切腹してゐたことを云ふのである。

戰國時代には、部將の切腹が、部下の減刑嘆願の一方法として行はれたこともあつた。開城の際城將が敵に交渉して、其検使を迎へ、自ら切腹して部下の衆命救助を乞うたことは、古文書に屢々散見してゐるところである。血書するとか、指を切るとかして減刑嘆願する現在と、その形態に於て、一脈の通ずるところがあるのは興味あることである。

自殺、追腹、減刑嘆願は、廣義の切腹の範疇に入るが、切腹が刑罰として採用されたのは足利時代で、後松日記は、

「此頃世の中、亂れに亂れて、敵といへども必ず朝敵逆臣にもあらず、縄ながら曳き出して首切らんは、さすがに情に於て忍びがたきなるべし。されば今の世も物部の道を失はずして、已む事を得ず死を賜ふには、檢使をしてその家に向はしめ給へば、沐浴して衣服をあらため、上命を賜はり自刄してなほ、其位を失はしめ給はずと、いと〳〵かたじけなき制なりけり」

と切腹恩典論を一くさり述べてゐる。尤も足利時代といはず、武士華やかなる時代にあつては、武士道、武門の榮譽といふことは、武士の頭を一日たりとも去らない念慮であつて、不幸にして國法を犯した場合、彼等は遠島追放の罪よりも寧ろ切腹を希望してゐたこと、現今獄窓に繋がるゝを厭つて、只管執行猶豫の恩典に浴さんとしてゐるのと何等變るところがない。官も亦、「特別の恩召をもつて、切腹被仰付」の恩典により、刑罰輕減の一方法としてゐたのであつて、徳川時代の切腹は、士以上の閏刑（本刑に代へて科した刑）とされてゐた點から見ても、當時の切腹は其精神に於て今日の執行猶豫的な寛典であつたことが窺はれるではないか。

四

御仕置例類集、茶表紙後集四十三、四十六を見ると、微賤なる御家人が同僚を見棄てゝ逃走した爲め、

「帶刀致し候身分に不似合」

といふ譯で、江戸拂の刑に處せられたものもあり、周章狼狽の餘り父を殺した仇を取逃したといふので、遠島に處せられた武士もあつたやうである。

また前述の富山藩士「島田勝摩切腹記錄」を見ると、勝摩に父嘉膳を討たれた山田鹿之助は、復讐の意志がないために、

右父嘉膳去秋被レ及ニ殺害ー候節、復讐之了簡可レ有レ之處、其儀無レ之、士道難ニ相立ー段、未練之心底不埒至極思召候、依て山越えニ被仰付ー旨被ニ仰出ー候。

と遂に山越えの極刑に處せられたといふこともある。

殊に追放に至つては、極刑以上の極刑で、奉行所に呼び出され、士分として享けたる特定の座席から引下らされ、着衣を剝ぎ、御構場所を讀聞かせ、若くはこれを記した書面を手交した後、其家

に歸るを許さず、追放すべき場所に連行し、帶刀、所持品を交付して追放してゐたもので、月番取扱計留には、更に武士に似合はしからぬ不正行爲ありたる場合は、帶刀を沒收すと記されてある。

武士は兩刀を帶びて初めて武士である。その魂である兩刀を取上げられ、又先祖代々の家祿を離れ、生恥を曝すといふことは、武門の汚れ、身の恥辱でなくて何であらうか。由緒ある家を斷絶する。それは身を亡すだけでなく、先祖に對する許し難き冒瀆でなくて何であらうか。追放、遠島、皆當時の武士にとつては、此世に於ける最大の不幸、恥辱であつて、現在の法制では無期以上の苦痛であるといはなければなるまい。死を見ること歸するが如き武士にとつては、お家安泰、生恥を曝さずにすむならば、死元より願ふところである。死を鴻毛の輕きに比した武士は、死に對する未練はさら〳〵ない。切腹は一家一族の爲には、さのみ苦痛ではなかつたらうと想像される。

こゝに一つの挿話を紹介しよう。

上杉謙信が其侍大將長尾右衞門佐の罪を罰して、部下に屬する與力同心を召し放ち、所領を沒收し、兩刀を帶するを禁ぜしに、親族等、右衞門佐の父の戰功を申し立て、死を賜はらんことを乞ひ謙信も罪一等を減じて兩刀を賜うて切腹せしめたり。

といふことが松隣夜話に見えてゐるが、當時の武家氣質、躍如としてゐるとこが甚だ興味深い。

かくの如き切腹が果して今日の死刑に該當する極刑であるかどうか讀者は既に御賢察になつた事と思ふが、私はこれを裏書きするが爲に、更に三浦周行氏の說を援用することゝする。

三浦氏はその著日本法制史に於て切腹の件について、

「德川時代にては、切腹の刑は專ら士分以上に限られ、たとへ其資格あるものにても、武士にあるまじき破廉恥罪を犯せしものゝ如きは、此特典に預ることを得ず。故に武士の罪あるものにして、切腹仰付と云へば寧ろ其面目とせるところなり。幕府が將軍の御膝下に於て、徒黨を結びて、主君の仇を報ぜし赤穗四十七士に切腹を命ぜしは、最も其苦心の存するところにして、彼等はこれを以て、無上の光榮となし、衷心感謝したりしなり」

と說いてゐられる。又獄舍には、

「皇族及五位以上の公卿の犯罪、惡逆以上にあらざるものは亦自盡せしむ。これ犯罪は、絞、斬を不問、其執行を市に於てするものなるも、皇族及公卿は、衆人の前に恥辱を受くるを避けしむる爲め、特に其家に於て執行、官吏の手を煩はさず、自ら死せしむるなり」

と規定せられてあるのを見ても明瞭である。これを以ても切腹が士分の體面を保つ爲の一つの刑の執行であつたことを知り得るのである。

九族に及ぶ罪も本人の切腹によつて御構ひなく、家も亦安泰であつたので、明治三年新律綱領に、「自刄を自裁に改め、士族の子弟に該るものは、自ら屠腹せしめ世襲の俸碌は倘子孫に給せり」と制定してある、此精神から見ても切腹は兩刀を取上げ、家を廢絶せしめ、追放に處して、生恥を曝すと云ふが如き、その執行を停止して、その苦痛より免れしむる武士の情であり、寛典であつたのである。

五

最後に赤穂義士時代は所謂刑法の黎明期であり、犯罪は單なる見込によつて捜査され、復讐仇討が公認されてゐた應報主義時代であつた、從つて、これを現今の教育刑主義時代と比較した檢察官の論旨は其根柢に於て重大なる誤謬がある。かるが故に赤穂義士に切腹＝即ち形の上で死刑である＝を賜はつた、その論據より五・一五被告に死刑を求刑したのは檢察官の爲めに甚だ悲しまざるを得ないのであつて、前述の如く同じ死でも武士の切腹と現行の死刑との間には其處に重大なる差等があるのである。

殊に斬罪と切腹とは其罪の性質により、それが武士の本分を辱めない罪である場合には、寛典として切腹に處したものであつて、切腹は斬罪より更に輕きものであつた。特に切腹は身分ある武士に對する特別處分で雜兵が介錯するといふ事は全然なかつたと古文書に見えてゐる、是等の事實から觀れば、切腹が如何に取扱はれてゐたかを察知することが出來よう。

追放、遠島に處せられ、家祿を失ひ兩刀を失つて諸國を流浪する武士は、果して生きた心持があつたであらうか。

生恥の苦痛より逃れるにはたゞ一つの道がある。曰く、自殺、然しそれは家門の汚れ、身の恥辱以上何ものでもない。

切腹は武士に對する情けであり、法の涙であつた。死刑は辱罪であつたが、切腹は武門の榮譽であつた。現行の執行猶豫は或期間、刑の執行を猶豫する積極的のものであるが、切腹は、家を潰さず、九族を救ひ、武門の譽れを傷つけぬ消極的の意味に於ける執行猶豫である。私は武士の本質、武家の本態より論じて、切腹は正に武士に對する今日の執行猶豫に該當するものなりと、斷言するを憚らない。

（昭和八・一〇・二五記）

私の斷想三片

赤穗義士と五・一五事件

世間の一部では、今回の五・一五事件を目して、かの元祿年間の赤穗義士の擧や、櫻田門外に於ける水戸浪士の企てと同一に考へてゐる人もあるやうである。

成る程、表面から見ればいづれも純眞な義憤から出發し、身を捨てゝ所信を斷行したところは一脈相通ずるものがあるやうだが、實質的に檢討して行くと、決して同日に論ずべきものでない。

第一に赤穗義士や水戸浪士は、一國一城の主のために企てたもので、極めて局部的のものであるが、今回の擧は日本の興廢といふことを大眼目にして立脚したといふ點に於て相違がある。第二に前者は全く私怨を晴らすための行動であつた。從つて吉良上野とか井伊掃部とかいふ特定の相手方があつた。然るに後者の動機は私怨でない。公憤である。從つて犬養首相とか牧野内府個人に對しては別に何の怨みも構へてはゐなかつたのである。であるから犬養首相を斃したとしても、それは飽迄一つの手段であつて目的ではなかつた。その點に於ても相違がある。第三に元祿の快擧も、櫻田の變も、共に不遇の境遇に在つた浪士の手になされたものであるが、今度の事件は將來有爲の現役の軍人に依て決行されたことだ。この點でも相違がある。

から擧げて來ると、兩者を混同することは穩當でない。歴史上今同の事件に比較すべきものを强ひて求めるならば、かのシーザーを刺したブルタース、それから蘇我入鹿を斃した中大兄皇子位のものであらうと思ふ。

男を上げた人々

次に私は五・一五事件によつて男を擧げた人が三人あると思ふ。

その一人は犬養さんである。犬養さんが今後うまく、生きたところで十年位が關の山であらう。本當に體を使ひ、頭を使ひ得るのは、先づ五年位のものではあるまいか。

さう見ると、犬養さんの死は五年、十年に代へられぬ意義ある死だと思ふ。

その死ぬ時の態度は、泰然自若、實に立派なものであつたが、氏を狙撃した青年將校も別に犬養さんに私怨があり、含むところがあつてやつたのではない。現に被告山岸中尉の如きは犬養さんの命日に其英靈を弔うて、「來ん春を待たで散りにし人柱、今は何處で國を見守る」當時總理大臣の職に在れば、その何人たるを問はずやらるべき性質のものだつた。その意味で殺されたからと云つて不名譽でも何でもない。國家改造の犧へになつたものであつて、その結果、國民が目覺め、政黨の腐敗が多少でも救はれて行くと云ふやうに、各方面の影響は大きいものがある。さうすれば、政治家としては犬養さんの死は、實に意義のある死方ではなからうかと思ふ。

これに就いて想ひ出すのは、曾てハルビン驛頭に於て、伊藤公が安重根の爲めに暗殺されたことである。

當時、日本にその悲報が傳はつた。すると山縣さんがこれを聞いて、伊藤さんの死といふものを非常に羨んだ。その山縣さんの批評が面白い。

「伊藤と云ふ奴は實に運のいゝ奴だ。今までも運のいゝ奴ではあつたが、今度と云ふ今度は實に運がいゝ、朝鮮人の爲めに、而もハルビンの驛頭で銃殺されたとは、これほど運のいゝ奴は又とないではないか」と云つたさうである。

若し犬養さんの心友がをつたならば、その友人も亦山縣さんの如く、「犬養といふ奴は死ぬまで運のいゝ奴だ」と云つて羨んだに違ひない。

その次に男を擧げた者は草刈少佐だと思ふ。

草刈少佐のことに就ては、私共さへ忘れてをつた位であるが、昭和五年五月二十日、自殺した當時氏は海軍軍令部の參謀少佐であつた。氏の自殺の原因として新聞に發表されたところは、神經衰弱と云ふことになつてをり、そして今日までさう云ふ風に傳へられてをつた。ところが偶々今回の事件に依つて、公判廷に於ける被告等の供述もあり、その書置なども現はれて眞相が判明して來た。一言にして云へば、ロンドン條約の不始末に就ての公憤から死んだのである。

草刈少佐は、財部全權が神戸に着く日に態々出迎へに行つて、あそこで財部をやつつけるつもりであつたが、警戒嚴重の爲めに目的を果さず、おめ〳〵東京に歸つては友人に合す顔がない。如何にも殘念だと云ふので、歸京の汽車中短劍を以つて腹を突いて死んだのである。

この事情が、公判廷に於て誠に明白にされた。同少佐は草葉の蔭から定めし喜んでゐるであらうと思ふ。獨り草刈少佐のみならず、愛國心と云ふ立場から見ても、國家の爲に非常に喜ぶべきことであると思ふ。

それから今一人は兒島惟謙という人である。

兒島惟謙と云ふのは、元大審院長で、當時所謂大津事件ともいひ、湖南事件ともいふものが突發した。この事件は御承知の如く、日本に漫遊に來られた露國の皇太子に、津田三藏といふ巡査が斬りつけたのである。

普通からいふと、漫遊に來られても皇室に一應御挨拶申上げて、それから日本內地を見て廻るのが順序であり禮儀であるのに、當時はどうしたことかわが皇室に對し何の挨拶もせず鹿兒島の方へ上陸して、漸次京都の方に上つて來たのである。これに憤慨した津田巡査は、名は漫遊でもその事は日本の軍備、國勢等を探検に來たものに違ひなからうといふので、大津に於てこれに斬附けた。當時ロシヤは世界一の陸軍國として、世界にその武勇を誇り、日本などはその足下にも寄れない頃であつた。さういふ時代のロシヤ皇太子を傷つけたのであるから、さあ日本中沸返るやうな問題になつた。

東京の大審院の判事が、大津まで出掛けて裁判することになつた。これには陛下も非常に御宸襟を惱まされ、露國皇太子に對して、お見舞まで申上げたのであつた。

一方時の當路者は津田巡査を死刑にしなければ露國に對して申譯がない。併し普通の殺人未遂では死刑に出來ないが、ロシヤの皇太子は日本の皇太子と同じものだと見れば死刑に出來るからと、時の司法大臣山田顯義、内務大臣西郷従道などは、判事に對して非常な威壓を加へ、大處高處から說いて津田を死刑にしようと運動した。

この政府側の屈辱的態度のさ中に、時の大審院長兒島惟謙が、斷乎としてこの威壓に服さなかつたこの處置は、我々專門家から見ると、我が裁判史上忘れることの出來ぬ顯著なる事實である。所謂威武も屈する能はず、護法の神として兒島惟謙は偉いと、尊敬を受けたものであるが過去四十年、國民の頭から漸く消え去らんとしてゐる時に、今回の事件によつて再び甦つたことは實に嬉しいことである。

軍刑法の特質

私は嘗てこんな話を聞いたことがある。

日露戰爭當時、ロシヤ側の一上官が水に溺れようとして苦しんでゐたが、部下は誰からも救けよといふ命令がないので、これを傍觀し、到頭上官を見殺しにして了つた。それのみならず、一度日本軍の攻擊を受けるや、上官を失つて統率を缺いた彼等は、一たまりもなく敗れたといふことである。

ロシヤの軍隊といふのは臨機應變、獨斷專行といふことが絶對に禁ぜられ、一つ〳〵上官の命令を仰いでゐたからこんな極端な事件まで惹き起したのである。これによつて見ても軍隊に於て獨斷專行の精神を缺けば、その行動に敏活を缺き、去勢されたも同然である。

然るにこゝに問題になつて來るのは、獨斷專行の結果、軍規軍律に悖るやうな場合があつたらどうするかといふ事である。この點に關して軍刑法はその動機に非常に重きを置く。この動機が純正であればその結果がどうあらうと無罪にするか、罰するとしても非常に寛大に取扱ふのが常である。これに反して動機が不純であれば、峻嚴にして少しも假借しないといふのが軍刑法の建前であると信ずる。

この點で行爲の結果から判斷し、その動機は單に情狀の參考に止まる普通の刑法とは格段の相違があると思ふ。この相違は、普通の刑法の法益が社會の安寧秩序であるに反し、軍刑法の法益は軍の存立維持といふことに在るからである。

軍隊に於て積極的行動を必要とするやうな場合でも、うつかり獨斷專行をやつて後日軍規軍律によつて處罰されたら大變だから、まあ手を拱いて目をつぶつてゐようといふ風になつたら、軍隊の生命はなくなる。であるからさういふ弊に陷らないためには動機の純正といふ事を主眼に置き結果の如何は第二義的性質を帶びて來るのが軍刑法の特質であると信ずる。軍法會議は、よろしく動機の良否によつて罪の有無、輕重を定むべきである。

例へば海軍刑法第三十條の擅權の罪（陸軍刑法では第三十五條）といふのを見ると、

「指揮官外國ニ對シ故ナク戰鬪ヲ開始シタルトキハ死刑ニ處ス」

といふのがある。卽ち法規上正當の理由なく指揮官が外國と戰鬪を開始した時は死刑に處せられることに規定されてゐる。然るに明治三十七年二月八日、日露の風雲急を告ぐるの時、かの東鄕大將は未だ宣戰の布告なき以前、獨斷專行を以て仁川沖に於て戰ひを挑んでゐる。これは戰時國際法並に海戰法上重要な問題になるのであるが、一面海軍刑法に牴觸した行爲であつて、將に死刑に處せらるべきである。

然るに東鄕大將を死刑にするなどといふことは全然問題にならず、天下誰一人としてかやうなことを考へた人すらない。それといふのは、その動機が飽迄純正崇高であつたからである。

更に軍刑法の條文中には、至る處に「故ナク」といふ字が用ゐられてゐる。「故ナク」といふことは明かに動機の如何に就て述べてゐる言葉である。又軍法會議に於て竊盜罪の如き破廉恥罪は必ず重くし、これに反し傷害罪の如きは概ね軽く處分されてゐるのも亦動機に基いて罪の輕重を定むる爲めに外ならない。

であるから今回の五・一五事件に就ても、普通裁判所とは異り、軍法會議獨自の立場から動機本位に依て刑の量定が行はるべきものと信ずる。

（昭和八年十一月）

騒擾・叛亂・暴動

ファツショ伊太利の獨裁執務官ムツソリニは、屢暗殺の危險に曝されたが、いつも奇蹟的にかすり傷一つ受けなかつた。然るに、英國貴族出身のギブソンと云ふ婦人刺客に狙擊されたときは、無遠慮な彈丸は彼の鼻ツ端を挫いて血を流させた。その時である。憤激した群衆はこの危害者を捕へ、ムツソリニの面前で私刑を加へやうとしたが、徐ろにハンカチを取り出して鼻頭を押さへた彼は、「ちよつと待て！　伊太利には法律がある。我輩を狙擊した犯人だとて、矢張り法律によつて處斷しなければならぬ」

と、いきり立つ群衆を宥めて、頗る大きい所を見せたといふ逸話がある。(早坂二郎氏著歴史を創る人々ムツソリニ項參照)

伊太利に法律ありやといはれるほど、黑襯衣黨のテロリズムは猛烈である。そのファツシスタの統率者であるムツソリニの言であるから、「伊太利には法律がある」といふ言葉が芝居氣たつぷりに聞えるのであるが、正しい姿にある法治國では、いつも、いかなる犯人に對しても「法律がある」ことを無視することができないのである。

法を無視した者、法の定めた力の限界を踏越えた者に對して、法の存在とその尊嚴とを知らしめること、これが國家が法律に背負はした役割である。失はれた秩序を回復し、あくまで現狀を維持すること、これが法の本質的な任務である。

法律が秩序の現狀維持を目標とすることは、現在の秩序によつて保護される者にとつては非常なる利益であるが、現狀に不滿なる者、新しい幸福を獲得せんとする者、進歩的な者にとつては、まつたく致命的な條件である。從つて、現狀に飛躍せんとする者、現狀を打破せんとする者は、常に法の存在を無視することになる。このことは騷擾罪、叛亂罪の如き群集犯罪に於て特に顯著である。

騷擾、內亂、叛亂といつた群集犯罪は、多衆の暴動によつて共同生活の秩序を破壞する犯罪である。多衆とは多數人の集團である。その集團が幾人以上に達することを要するかに付ては、法律は別にこれを示してゐないが、判例のいふ通り、少くとも「一地方に於ける公共の靜謐を害するに足る、暴行、脅迫を爲すに適當なる多數人なることを要する」ことは疑ひない（大正二年、大審院刑事判決錄九一〇頁參照)。その多衆が共同意思を以て、暴行、脅迫等の行爲を爲すことを要するのであるから、附和隨行者は除外しても、その他の共同行爲者にはある一定の共同目的がなければならない。從つて、それは一個人の利益、一個人の要求ではなくて、共通の利害關係にある問題、少くとも行爲者一同の正義思想乃至正義感情に訴ふるところある共同問題に關聯するものなることは頗る明白である。この意味に於いて、騷擾罪、叛亂罪等はその殆ど全部が政治的、社會的な色彩を帶びてゐるばかりでなく、それらの事件のあるものは社會の進歩發達に對して齒車となりバロメーターとなる役割を演ずるものである。法の矩を越えた行爲、法を無視した無法者が、積極的に或は消極的に社會の進運に貢献することができるといふこの矛盾は、畢竟法律の本質が現狀維持の道具に過ぎないことを認識することによつてのみ理解することができるのである。併し、このことと現存の法律を尊重せねばならぬこととは自ら別問題であることを忘れてはならぬ。

また群集犯罪が、社會の進歩發達に對して何等かの動因を爲し、寄與することのできるのは、維持せらる可き現狀が確立し、一定の法律秩序が成立したのちのことである。未だ一定の法律秩序の確立されない以前に於ては、それは多くは唯時代に殘されたる者が、時代に進み行く者に對する不平不滿の爆發にすぎない。これらの諸事情は明治維新後より今日に至るまでに起つた、一揆、暴動、騒亂の跡を顧みるともつとも能く明瞭となるであらう。

維新のはじめ、或は横井小楠、大村益次郎を暗殺し、また米澤の雲井龍雄、長州の大樂源太郎等が擧兵を決し、叛亂を謀つて新政府を脅威せんとしたのは、維新黨に對して保守主義の復古黨が不平を高めた結果である。當時は未だ新法律秩序が確立されたといふ迄には至つてゐないが、新政府の實權は進歩主義の維新黨の手に握られてゐた。その後明治七年に至つて江藤新平が佐賀の亂を起して各地の策動を望んで以來、前原一誠の萩の亂、熊本神風連の一揆、秋月の亂、最後に西鄕南洲の十年の亂に至るまで各地に蜂起した暴動、叛亂はすくなくない。これらは多く武斷派の文治派に對する不滿の結果、もたらされたる反抗である。漸次確立されてきた新秩序から除外され、失意の境に落ちた維新黨內の不平領袖が、現狀卽ち當時の政權に對して爲した奪還運動である、これらの政權爭奪運動は既に軌道にのつた開國進取主義、前期資本主義の新秩序に打ち勝つことはできなかつたが、新秩序の確立促進には消極的ながら貢献するところ大であつた。

板垣退助の「民選議院設立」の建白書の出た後は、國會開設、藩閥政治打倒の騒亂が多い。所謂大阪會議の具體化が不結果に歸して板垣、島津、木戸相次いで廟堂を去つた後は、政府は再び保守的閥族政治に逆轉して、民輪壓迫へその方針を傾けた政府が壓迫すればする程、民心は悪化し、民輪は激化するのは今も昔も異るところはない。その結果明治十一年五月島田一郎、長連豪等は明治政府の柱梁たる大久保利通を以て「公議を杜絶し、民權を抑壓し、政事を私し、外國交際の道を誤り、國權を失墜する」ものとして、清水谷の畦畔に彼を刺した。又板垣の幕僚たる林有造、大江卓等二十餘名は、元老院幹事陸奥宗光と策應し、政府顚覆の陰謀を企て將に兵を擧げんとしたが、事未前に露はれ、いづれも捕はれて獄に投ぜられた。

この後國會開設に至る迄、例へば保安條例に見られる如く、在野の黨人に對する政府の暴戾殘虐は徹底的であり、このため暴動激擧が續發して中央も地方も擧げて物情騷然たるものがあつた。殊に地方に君臨した縣令の中には無法の官吏があつた爲め、地方には各所に一揆、暴動、騷亂が相次いで起つた。縣令三島某の壓制に對し河野廣中等を首魁とする福島事件をはじめとして高田の獄、加波山事件、飯田事件、名古屋事件、靜岡事件の不祥事が續出頻發した。これらの暴動擾亂はいづれも直接行動によつて政府を顚覆せんとするの計畫であつて、彼等は祕密文書を配付し、爆裂彈を製造し、兇器を貯へ、富豪を脅かして軍用金を調達し、或は役場を襲ふて强盜、殺人、放火の暴を敢へてしたこと稗史小説の傳ふる通りである。しかも、これらの運動に參加した革命兒の中には、河野廣中、松田正久、小松原英太郎等々の如く、後年大臣となり、議長となり、或は樞密顧問官となつて、終始皇國の爲めに献替の議を竭くしたる者の多いことは、國會開設前に見られた特異の現象と考へるべきであらう。

これらの運動は、いづれも現狀破壞を企てたものであるが、閥族政治の打破、自由民權の獲得には功勞が少くない。國會開設後には流石に一般の騷亂はすくない。然し國民的示威運動は往々にして行はれた。ポーツマス講和條約反對の爲めに行はれた日比谷の燒打大騷動、第三次桂內閣に對する憲政擁護の烽火をあげた新聞社、交番の燒打事件等その一例である。國民的感情の高調による騷擾、暴動以外にさして暴動がなかつたと云ふことは、資本主義的社會秩序が完成されて、一應は安定の狀態に達したことの證據である。

然るに、明治の末期より大正、昭和になると經濟的、思想的の一揆、暴動が色濃い姿を見せてゐる。いま大審院の刑事判決錄及判例集を繙ひて見ると、明治三十九年の大杉榮、山口、西川等の電車賃値上反對運動は遂に暴動化して兇徒嘯衆罪に問はれた。その後赤旗事件等が起り、先づ後年の無產者運動の尖端を切つた。明治四十二、三年頃は民法の入會權制度の不備から生活權を奪はれた農民による入會騷動事件が多く。大年四年には總選擧の壓迫干涉に對抗する拔刀事件の騷擾罪が多い。大正七年には物價騰貴による生活難からして所謂米騷動なる暴動が全國を襲ふた。

大正九年十年には普選運動に基づく騒擾罪が多い。大正十二年には賃銀値上反對、馘首反對の勞働大爭議の勃發。そうして昭和五年以後は政黨財閥特權階級打破なる計畫運動が社會のある方面に行はれてその實行が期せられてゐること先刻御承知の通りである。此の間大正十二年より昭和七、八年迄共產黨員の檢擧が行はれたが、これは暴動、騷擾と云ふよりも、全然別個の思想犯罪として取扱はれた。それが何故であるかは、暴動、騷擾なる語の法律的意義を明かにすることにより自ら明瞭となる。

現狀といふものは、それが理想的の形態であると否とに拘はらず、一應は維持されることを要し、維持されることによつて一定の利益が生じる。利益といふのは、國家及び法律秩序の保護に依つて與へらるる平穩の法益である。この法益のなかに共同生活の秩序の安全が存在するのである。騷擾罪は、多數人の暴行、脅迫によつて、この共同生活の秩序、卽ち公共の平穩を破壞することによつて成立する犯罪である。刑法第百六條が「多衆聚合シテ暴行又ハ脅迫ヲ爲シタル者ハ、騷擾ノ罪ト爲シ左ノ區別ニ從テ處斷ス」と規定したるは、多衆の暴行脅迫は當然共同生活の秩序を破壞するを以て立法技術上、特にその旨を言及せざるも、犯罪の本質並にその保護法益に付ては前示旨と何等異るところがない。

多數人が集合して暴行、脅迫を爲せばすべて騷擾罪となり、その多數人の集合の目的に付て何等制限がないから、多數人が集合して暴動をすれば、如何なる騷擾もみな犯罪となる。唯、集合者が朝憲紊亂を目的とした場合だけは、別に內亂罪として處斷される故、この場合の騷擾罪は當然內亂罪に吸收され、別に騷擾罪として處分されることはない。從つてその他の場合は米騷動であれ、勞働爭議であれ、百姓一揆であれ、普選運動であれ、學校移轉反對運動であれ、市民大會であれ、何であれ、兎に角多數人が集合して暴行脅迫を爲せば、すべて騷擾罪が成立する。

會合する當初は合法的で、官憲の許可を得て集會した場合でもまた當初は暴行脅迫をなす目的なく平穩に集合した群集でも中途よりその合同力に依つて暴行脅迫を爲すの思想を生じ共同して騷擾行爲を爲せば、それまた騷擾罪となる（明治四十三年れ第三九二號大審院刑事判決錄六五七頁）。例へば、條約反對運動、普選促進國民大會等に集合した群衆が、後刻首相に面會せんとして、行進を開始し、警官と衝突して流血の慘を見た場合の如きはその適例である。長野縣赤穗村で村營電氣事業を經營せんとした所、長野電燈株式會社がこれに先手を打つて赤穗村に點燈せんとして、村內二三の有力者を買收し點燈申込者の勸誘を爲した爲め、村營派は村民大會を開いたが、結局會社側に加擔した者、並に點燈申込者を襲擊して之を中止する以外に途がないと、途中暴力行爲に變じて騷擾罪に問はれた事案がある。また判例には、併置校の建設に當つて、二校設置派の町會議員と三校設置派の町會議員とが對抗し、二校設置派支持の町民が、町會傍聽に名を籍りて多衆役場附近に集合し、町會を包圍して議事不能に終らしめた爲め、騷擾罪で處罰された事件がある。被告人等は、集合の當初、共同して暴行脅迫を爲すの意思がなかつたと抗辯したが、大審院は、前記の理論の如く、左樣な意思が集合當初より存在したと否とは、騷擾罪の成立に影響なしとして上告を棄却してゐる。

苟も多衆聚合して暴行、脅迫を爲せば騷擾罪は成立するのであるから、共同目的の有無、或は共通の意思のある無しは、騷擾罪の成立に何等影響ない。然し、その暴行脅迫は群集犯罪の性質上外衆聚合による共同威力の下に行はれることを必要とするのであるから、行爲者はその騷擾行爲のあることを認識してこれに加擔する意思がなければならない。またその意思があれば充分である。長崎市民が「この新聞は桂の節義を變じさせた閥族新聞である」と長崎市民を幾組も分れて示威運動を爲してゐた際の派生的事件であると云ふ辯解理由に對して、大審院は騷擾罪は多衆聚合して暴行又は脅迫を爲すに因りて成立するを以て、其の首魁、指揮者若くは助勢者又は附和隨行者の相互間に共通する一定の意思の存在するを要せず。各自騒擾行爲に加擔する意思によりて行動するを以て足る」といつてゐるのはこのことを説明してゐるのである（大正二年れ第一五五八號參照）。從つて共通の意思なく、また共同して騒擾行爲を爲す意思がなければ、多數の集合の中にあつて爲した喧擾、狂暴の行爲でも、刑法の適用を受けずに、治安警察法の取締にまかせられてゐる。町長の職務管掌者が爲した町會召集を取消させる爲めに、町役場に町民が押込んだ暴行行爲を騒擾罪で處斷した下級審の判決を破毀した大審院の判例がある。(大正四年(れ)第二二四一號)。蓋し、治安警察法第十二條は「集會又ハ多衆運動ノ場合ニ於テ故意ニ喧擾シ又ハ狂暴ニ渉ル者アルトキハ、警察官ハ之ヲ制止シ、其ノ命ニ従ハザルトキハ、現場ヨリ退去セシムルコトヲ得」と規定し、同第二十六條は「第十二條ニ依リ退去ヲ命ゼラレタル後仍退去セザル者ハ、一月以下ノ輕禁個又ハ二十圓以下ノ罰金ニ處ス」と規定して、群集の集合力を利用して爲したるにあらざる喧騒行爲は、假令騒擾行爲に類似する場合であつても、これと別個に取扱つてゐるからである。

然し、共同して暴行、脅迫を爲す騒擾行爲である場合でも、その全員各自がそれぞれ暴行、脅迫の行爲を爲すことは必要でない。このことは刑法が單純な附和隨行者を罰してゐる點より見ても明かである。

さきに騷擾罪は共同生活の秩序に關する平穩を破壞する犯罪であると說明した樣に、多數人が集合して暴行、脅迫を爲すも一地方の靜謐が害される程度に至つてゐなければ單純な暴行罪、脅迫罪は成立しても、騷擾罪とはならない。例へば、十人の者が組を爲して通行人から財布を奪ひ、或は婦女子に危害を與へたとしても騷擾罪にはならぬ。詮り、騷擾罪は公共の平穩を破壞することによつて成立するのであるから、共同生活の秩序を破壞するに足る人數を必要とするほかに、其の暴行、脅迫の行動自體に於て少くとも一地方に於ける公共の靜謐を害する程度のものたることを必要とする。けれども、具體的に公共の安寧を害すべき危險の發生することは必ずしも必要でない（大正十一年（れ）第二〇一一號參照）。事案は眞鍋儀十氏等が普選運動の鬪士として華々しく活躍した大正七年の出來事である。國民大會の後立憲勞働黨員數百名が大旗を携へて政友會本部に殺到せんとして警官と抗爭し、眞鍋氏は學生聯盟の數百名と警戒線を突破して首相官邸に至り「首相に面會せざれば一步も退かず、國民が首相に面會せんとするに之を妨ぐる法なし」と叫んで守衞の警官を押除けて騷擾罪に所謂率先助勢罪に問はれた事件である。當時憲政會の錚々たる辯護人諸氏より、本件は首相に面會せんとしたのを警官が阻止した爲め抗爭したのであつて、何等一地方の靜謐を害せず、公安を擾亂せず、從つて騷擾罪は成立せずと上告したが、上記の如き判例の下に乘却されたのであつた。大阪の小田琺瑯製造工場の勞働爭議に當つて、從業員が組合旗を先頭に「ワッショ〳〵」と掛聲して工場主邸內に闖入した事案に對しても、同一の解釋が下されてゐる。卽ち多衆聚りして暴行脅迫を爲せば足り、具體的にその地方の靜謐を害したことは要件でないといつてゐる。（大正十三年大審院判例集第五六四頁參照）。

刑法は騷擾罪を多衆の暴行、脅迫に因つて成立するといつてゐる。玆に暴行とは共同生活の秩序を侵害する不法なる有形力の行使を意味する內亂罪の暴動と本質的に異るところがない。脅迫は害惡を通告して人に恐怖を起さすことである。いづれも多衆の共同力を背景とすることを要する。これらの暴行、脅迫は個人に對して爲された場合でも、公衆に對して爲された場合でも妨げない。またそれらの者の生命、身體に對すると、財產に對することを問はない。そうして、單純な暴行脅迫は當然騷擾罪の中に吸收されて、別に暴行罪、脅迫罪は成立しないが、その暴行、脅迫が發展して殺人、放火、建物損壞、公務執行妨害等の行爲があれば騷擾のほかに、それらの罪名が成立して、騷擾罪と併せて處罰される。例へば五・一五事件の民間側大川周明博士等の罪名は「爆發物取締罰則違反幇助、騷擾幇助、殺人幇助、殺人未遂幇助、暴力行爲等處罰ニ關スル法律違反被告事件」と稱して前關白大政大臣以上に長い。

従つて労働争議等の場合にスクラムを組んで社長宅に押かけ、警官の制止を突破して邸宅に入りこんだと云ふやうな場合には騒擾罪のほかに公務執行妨害、家宅侵入等の諸罪が同時に成立する。更に窓ガラスでも破壊すればその上に建造物損壊罪が成立する事となる。

刑法は多衆聚合して暴行、脅迫を爲しそれが騒擾といひ得べき程度に達した場合、これに關與した程度如何に應じて「首魁」「他人を指揮し又は他人に率先して勢を助けた者」「附和隨行者」とそれぞれ區別して處罰してゐる。素より首魁のない騒擾もあり得る。率先助勢者とは眞先に投石したものか「遣レ〳〵、俺ニハ決死隊ガツイテキル」などと群集を鼓舞し騒擾を容易ならしむる行爲を爲したる者のことである。又現場に臨まなくも首魁たるには妨げない。

尚ほ刑法は騒擾罪の一態樣として、不解散罪を認めてゐる。これは暴行脅迫を爲すため集合した多衆が、官憲三回以上解散命令を受けてもなほ解散しない場合に成立するのである。判例は會衆が中途より暴行、脅迫を爲さんとする意思が生じた場合も本罪の成立を妨げないといつてゐる。會衆が積極的に暴行、脅迫をなせば、その際は普通の騒擾罪が成立して不解散罪はこれに吸收されてしまふ。

叛亂罪は軍刑法の領域で、一般列法には規定されてゐない。五・一五事件に際しては、軍刑法の叛亂罪は普通刑法の內亂罪に該當するものであるから、民間側の被告に對しては內亂罪の規定を適用すべきであると云つた議論が見受けられたが、これは同事件に對する最近の大審院判例が示すやうに、兩者はその構成要件を異にする。陸軍刑法第二十五條及び海軍刑法第二十條は「黨ヲ結ヒ兵器ヲ執リ反亂ヲ爲シタル者ハ左ノ區別ニ從テ處斷ス」と規定してあつて、要するに軍人黨を結び兵器を執り官憲に反抗して多衆的暴動をなせば、その目的如何を問ふことなく叛亂罪は成立するのである。

然るに內亂罪に於ては「政府ヲ顚覆シ又ハ邦土ヲ僭竊シ其他朝憲ヲ紊亂スルコトヲ目的トシテ暴動ヲ爲す」ことを要する。卽ち暴動に參加した多數人が朝憲紊亂を目的として行動することを、必要とする。

こゝに朝憲紊亂とは、國家の基本的組織を不法に變革せんとすることである。換言すれば、帝國主權の所在又は統治作用の大綱に紛更を來たさしめんとする企をいふのである。例へば中央統治權力を破壞し、領土の一部又は全部に對し、帝國の實力を排し、更に國體を變更し、皇統の改廢を爲し、大權を制限し、議會制度、兵役制度等を不法に破壞せんとする試みの如きである。この朝憲紊亂の目的を以てする暴動行爲があつてはじめて內亂罪は成立する。

従つてこの目的なき以上は、如何に多數人の暴動であつても內亂罪とならず、さきに述べた騷擾罪となるか、または騷擾罪と他の犯罪との想像的競合罪が成立するのみである。

叛亂行爲にはこの朝憲紊亂の目的を要求してゐない。最近の大審院判例も「海軍刑法第二十條に所謂反亂罪とは、軍人黨を結び兵器を執り、官憲に反抗して多衆的暴動を爲すを謂ひ、內亂罪の如く朝憲紊亂を目的とするものに限らず、其の他の公憤又は私憤に出づる場合をも包含し、軍人たる身分及犯罪の目的に於て內亂罪とは其の構成を異にすることあるべき特別罪にして、單に軍人たる身分に因る內亂罪の加重罪に非ず」と云つてゐる（大正十一年二月十五日發行大審院判例集第一二七〇頁參照）。從つて叛亂罪に軍人たる身分のない者が共同加功した場合は、軍人たる身分なき者に對して直ちに普通刑法の內亂罪を適用することができない。これ五・一五事件に於て民間側被告に對して內亂罪なるが故に大審院の特別權限に屬すべしと云ふ主張に對して裁判所側が同意しなかつた理由である。

然し、五・一五事件は內亂罪ではない。これは行爲者が直接に朝憲紊亂の事態を惹起することを目的としたのではなくて、當時の政府を倒せば或は戒嚴令が布かれて軍政府が樹立するであらうと云ふ、即ち行爲者の惹起した事態を緣由に新に發生することあるべき他の暴動に因り斯る事態が現出することを期待しただけで、未だ以て內亂に於ける朝憲紊亂を目的として暴動を爲したものと稱することができないからである（前記新判例）。そこで普通裁判所では民間側の被告人を處斷するに當り海軍側の暴動を騷擾罪と看做して、民間側の被告はこれに加擔したものとして處分した。然し軍法會議に於て主犯の行爲を叛亂罪と認定したに拘はらず、民間側の裁判所がこれを騷擾罪と認定するは法律適用の上に於て面白くない。

そこで、大審院は斯樣な場合は、叛亂罪の共犯、即ち共同正犯、敎唆犯、從犯等として處罰するの新例を開いた。これは一面軍刑法と普通刑法との間の連絡に不備の點があつて軍人側、民間側の共同行爲に對する取扱に缺くる所があつたからである。此の點に關し將來軍刑法は改正される可きであるが、今回の二・二六事件では緊急勅令を以て兩者同一に裁判するの特別軍法會議が設置された。

叛亂罪に於ける反亂行爲、又內亂行爲にあつては、殺人、傷害、放火、建造物破壞、掠奪等一切の行爲が包含されてゐる。新判例は「反亂行爲の際人を殺害し又は手榴彈の如き爆發物を使用する行爲は性質上當然反亂行爲に包括吸收せらるるものにして殺人及爆發物取締罰則違反の想像的競合犯を構成せず」(前記五・一五事件判例)と云つてゐるが、このことは內亂罪に於ても異るところがない。從つて叛亂罪、又は內亂罪が成立するときはその他の暴行脅迫を手段とする一切の犯罪は叛亂罪、內亂罪に吸收され獨立して他に殺人罪、放火罪等の罪名が成立することがない。

この點に於て內亂罪の暴動は、騷擾行爲と異る。暴動に於ても騷擾に於ても、多衆聚合して一地方の靜謐を破壞する暴行脅迫を必要とするのであるから、騷擾罪に於ける暴行、脅迫と、內亂罪に於ける暴動とは本質的に何等相違するところはないのであるが、兩罪の處罰の權衡上、騷擾罪に於ける暴行脅迫は、殺人、傷害等暴行脅迫を手段とする他の犯罪が成立しない程度の暴行脅迫だけに限定されるのである。

從つて法律上暴動といふときは、殺人、傷害、放火、掠奪等一切の行爲を包含しており、しかも暴動が犯罪の構成要件とされるのは內亂罪に於てだけである。

然るに內亂罪に於ては朝憲紊亂目的を必要とするから、我國家の顚覆を圖る暴動以外の暴動は、すべて騷擾罪とその他の個々の犯罪に分解されて、それ自體の犯罪即ち暴動罪といふ犯罪は成立しないことになる。

叛亂と騷擾との差は主として軍人たる身分を有するや否やの點である。而して叛亂と內亂との差は朝憲紊亂の目的を有したか否かの點にある。從つて場合によつて叛亂罪は內亂罪を包含する場合もあるべく、また騷擾罪を含む場合もある。そうして內亂罪は常に騷擾罪を吸收包含してゐる。又朝憲紊亂を目的とする事項のうち特に國體を變革せんとして結社組織を爲し又は爲さんとした者は治安維持法で處罰され、治安維持法の規定する事項を目的に暴動を起せば內亂罪となる。

又朝憲紊亂に屬する事項を目的とした場合でも、それを暴動によらず、出版、印刷の方法によつた場合は新聞紙法第四十二條及び出版法第二十六條の規定が適用される。合法的手段によつて國家の基本制度の變革を實現すべしと說くことが、玆に所謂朝憲紊亂を目的とする事項に入るや否やに付ては興味深い議論があるが、紙數の關係上割愛する事にした。

（昭和十一年三月十日）

海軍側辯護人として

一國にしろ、學校にしろ、又は團體にしろ、傳統の精神の尊いことは今更云ふまでもない。ところが現代の人々は、皇國に住みながら皇道を知らず、日本建國本來の精神を、すつかり忘れて仕舞つてゐる。祖國の姿を、まともにしつくり眺める人は、極めて少ない。否自分自身の魂の存在すら忘れてゐるといつた方が、もつと適切であるかも知れない。それが少くとも、五・一五事件を轉機として、漸く建國の精神に目覺めつゝあるのは喜ばしい。

滿洲の問題に對する國民的活躍愛國機献納、國をあげての愛國運動、それは神州の正氣の顯現である。共產黨員が續々と轉向した。それは又牢乎して拔くべからざる建國精神の凱歌である。日本再建、昭和維新が抽象的でなく具體的に、その工作を展開しつゝある。私は今こそ非常時でなく、飛躍の時であると思ふ。建國當時、確固不拔の精神をもつて、內敵を平定したのであつた。その建國の昔に還り、その精神に目覺めることは、畢竟將來に向つて、活躍發展を約束するものでなくて何であらうか。荒木陸相のいはゆる「非常時に非ずして飛躍の時なり」といふのは、この點を指したのではあるまいか。

私はこの飛躍時代の導火線となつた、五・一五事件海軍側被告の一辯護士として、公判廷に立つた。私は辯護士生活廿數年の間、放火強盗、思想犯とあらゆる刑事々件に關係したが、この五・一五事件程強く私の胸に訴へ、深い感銘と印象を與へたものはなかつた。

私は公判に通ふ中に、何物かを體得し、常に眼頭の熱くなるのを禁ずることは出來なかつた。無自覺無反省な日本國民の一人として、私に被告が鞭打たれる。そんな氣持で、血を吐くやうな被告の陳述に耳を傾けた。

私はいまこゝで五・一五事件を社會的に論評し、道德的に批判しようといふのではない。それはまた自ら別箇の問題である。私は魂の眞の叫びに應じて、名を求めず、生命を投げ出し、護國の第一線に花と散る、海軍側被告の純白無雜、眼中國家國民のほかに何ものもない、國士の風格に對して尊敬の念を禁ずることが出來ないのである。

彼等の先輩であり、思想的リーダーであり、また行動のパイロットであつた故藤井少佐は、上海事件で惜しくも戰死したが、彼若し死せざりせば、五・一五事件の花形役者として、重大な役割を演じたことであらう。滿身これ祖國愛の彼は、國を忘れ、皇道を忘れ、私利私慾に耽る政黨財閥特權階級に對して、飽くなき憎惡と、痛憤を抱いた。國家を改造して皇國日本の正しき姿にかへさなくてはと、彼はそれのみに腐心した。佐世保の下宿屋の二階で彼は、再建日本の姿を寢食を忘れて計畫し、夢多き若き日を送つてゐた。長崎に住む親友某に一人の妹があつた。彼女は幼時から少佐を慕ひ、その妻たらんとして口に云ひ得ず、悶々の日に廿四の春を迎へた。兄は一夜妹から戀慕の情を打ち明けられて憐愍の情に堪へかね、佐世保の少佐の下宿に急行した。少佐はその時、二階で地圖や書類の堆高く積まれた中に端座して、瞑想に耽つてゐた。

「あわてゝ何事だ」

底光りのする目玉がギヨロリと光つた。

「外でもないが」

と某は、妹の切々の情を訴へて

「どうだ娶つてくれるか」

少佐は微笑を含んで靜かに、頭を左右に振つた。

「いやか」

「いやでもない。然しおれは、今大望を抱いてゐる。他を顧みる餘裕はないのだ」

と立上つて、一枚の書類を擴げ國家改造の大綱を説明して、

「生命もいらぬ。名もいらぬ。國家の爲には、いつ死ぬか判らぬおれが、君の妹を娶つては、君の妹の將來が甚だお氣の毒だ。お斷りする。おれは何の覊絆もなく、自由にのび〳〵と生命を棄てたいのだ」

と言々句々、血を吐き、火を發するかと思はれた。私はこのエピソードに、少佐の生命を棄てゝ國を救ふの烈々たる信念、少佐の面目躍如たるを見るのである。

又既に新聞に一部は出たが、黑岩少尉は當局の目を掠める爲に妻を連れて上京した。決行の日に妻は中耳炎を患つて、大熱の爲に病床に呻吟してゐた。

「私は決行の事を話さうと思つたが、大病の妻に心理的な動揺を與へては病狀が昻進するだらうと、打明けずに涙を呑んで家を出た」

と述懷してゐる。少尉は遺書をそつと財布に入れて、從容として決行の首途についたのであつた。大事を何人にも知らせず、悠々として主君の仇を報いた赤穗浪士の心情と、何等異るところがな

いではないか。

被告等はまた盡忠報國の赤誠を一管の筆に托して、獄中詩作に耽つてゐるが、三上中尉の最近の詩に

成敗天也不可期　吐擺赤腸是男兒
悠々神州古今間　此地自許護國鬼

といふのがある。詩韻もとより問ふところではない。たゞこの句を貫く一脈の赤誠を掬すれば足りるのである。

海軍側の被告について尙語るべき多くのことがあるが、紙數が許さないので割愛するが、陸軍側被告も亦同樣、烈々たる祖國愛に燃えてゐること決して劣れりとしない。その陳述の如く昭和維新の人柱として、その肉彈を拋ち、第一線に散ることのみを念願としたのであつた。私利私慾はもとより眼中になかつたのである。戰爭に出て奮戰すれば、勳章が下賜され、遺族が扶助され、靖國神社に合祀されて、その行爲に對しては充分報いられるところがある。然るに今回の行動は、何等報いられるところがないのは決行前旣に明瞭である。寧ろ峻嚴な法律が待ち構へてゐる。軍紀を紊り、國法を侵してまで、決行するに至つた被告の心情に想倒する時、誰か泣かないものがあるであらうか。

私は嘗て歐米巡遊中、フランスの法曹界の名士に一夕招待されたことがあつた。その席上或人が私に向つて

「日本の武士道を研究してゐるのだが、私は赤穗浪士の義擧程、古今東西を通じて誠に推賞すべき國體行動はないと思ふ。何故ならば彼等は主君の仇を討つといふ以外には、何等私利私慾に動かされて行動したものではないからだ。如何なる國體行動にも私利私慾は必ずつき纒つてゐる。赤穗の義擧は全く白紙の如く純白だ、かゝる歷史を有する日本は全く美ましい限りである」

と口を極めて激賞され、私は自分自身が賞讃されたやうに、面目を施したことがあつた。

五・一五の被告についても、同一のことが云へる。彼等に私利私慾の念なきは勿論國危し行かざるべからずと、潑剌たる若さを祖國愛の熱情にまでたかめ、命を棄て魂を手榴彈として、敢然支配階級打倒國民警鐘亂打の第一線に馬を進めた彼等こそ、たゞに一城の主君のために命を棄てた赤穗浪士に勝ること幾層倍と云ふべきであらう。

この稿の雜誌に出る頃には、被告等に對する斷罪は恐らく決定してゐるであらう。法の批判はそれで終る。然し、社會的、道德的批判はまだ殘されてゐる。形而下の生活圈內にある現代日本人のうち、果して何人が妥當なる斷案を下さんとするか。「後世知已あり」!! 法を犯したものが後世志士

烈士として尊敬を受けてゐる例は極めて多い。私は被告等が後世の史家の手によつて、日本歴史の尊い幾頁かを飾るであらうことを信じて疑はない。

（昭和八年十月）

死刑廢止を痛感

刑事上遺された問題の一

刑事上遺された問題として、陪審制問題、無罪者に對する國家賠償問題、及び死刑問題が數へられてゐたが、中でも陪審制問題は、國民が多年翹望して居つた所で、昨年より愈々實施せられ、爾來も朝野法曹の最も熱心なる努力の下に、豫期以上の好成績を擧げ、今やその實施一周年紀年を迎へんとするに至りしことは、吾人の甚だ欣快に堪へざる所である。

かく陪審制が布かれて見れば、殘る刑事的問題は、無罪者に對する國家賠償問題及び死刑廢止問題の二つとなつた。

然るにこゝに或る殺人事件あつて、一審より上訴まで共に死刑の言渡を受けた者が、這般再審となつた事件に直面し、平生より懐いて居た死刑廢止の思想を一段と强むるに至り、一日も早く我刑法から死刑といふ文字を除去したいとの感を深うした。それは如何なる事件かといふに、長野縣松本市在の宮城誠といふものが、殺人の被告人となり、久しく未決監に投ぜられ、上訴までしたが依然死刑を宣告されて上告中、本年の四月頃、增上寺の道重大僧正は從者を引具して訪問し來り、どうか被告人の爲にこの事件を辯護して貰ひたいとのことであつた。

道重大僧正は固より被告人とは親類知人の關係があるではないが、被告人の知人が道重大僧正の慈悲の袖に縋り、人一人の生命を助けて下さいとの賴みを容れられ、一切裁判費用を負擔して救濟の沈を盡さうといふことになり、先づ從者を被告人の入監せる刑務所に遣して、風采、性行を觀察せしめられたが、如何にも正直さうに見えたので、助かるものなら助けてやりたいといふ考へを起さるゝに至つた。わたくしも控訴審位ひに考へ、被告人に面會すると、上告も濟んで三審とも悉く死刑の宣告をされてゐた。そそこで一應一件記錄を檢閲すると、犯行時間の齟齬、採證方法の缺陷等、頗る疑問があることを發見したので再審の申立を爲すに及んだのである。

大審院の取調まで進んだ事件に對し、再審の申立をするといふことは、よく〳〵の場合であるが、之を再審するといふことも極めて稀なる例である。わたくしは之を本人に傳へたが、本人は男泣きに泣いて、自分は實際に犯行をしたのでないといつて、事件關係を委曲告白してゐた。本人軍隊生活の際には、善行證書などを與へられたほどで、十目の見る所、かゝる犯行を敢てする人とはどうしても思はれない。とにかく非常に眞劍味に富める堅實なる性格の持主と鑑識されたので、益々わたくしの疑惑を深くし、仔細に一件記錄を反讀すると、どうしても最初氣付いたやうに時間の點に於て、犯行不可能のやうになつてゐる。

更に怪訝に堪へざるは、採證方法の無理を極めてゐる點である。犯行に使つたと認められた刄廣を、被告人の家宅內より見出し、之を警察醫に鑑定せしめ、その刄廣の左側面に洗ひ殘せりと見做されたる血痕を唯一の物的證據としたのであるが、その血痕と稱するのは、果して人體の血痕なるや否は、科學上鑑定する事が困難であるのみならず。苟も證據を湮滅する目的から見て、血痕を水中で洗ひ落したとすれば、右側面を洗ひ落して左側面を殘し置く理由がない筈である。

然るに控訴審に廻つても、この血痕鑑定を一聲視聽醫に爲さしめたといふことは、重大事件に似合はざる輕易な取扱と謂はねばならぬ。言ふまでもなく被告人は眞犯人なりや否は、神にあらざれば明白ならぬことである。

そこで死刑さへ廢止して置けば、自然眞犯人の露顯することもある。一旦死刑にすれば、その後いくら眞犯人に疑問が起つて來ても、檢事も取調べず、名譽回復も出來ず、いはゞ殺され損として千秋の恨を呑んで葬り去らるゝのみである。

人も知る如く、死刑の研究は、西暦一七六四年に、かの有名なるベッカリヤ氏が、その著「犯罪罰論」に於て、死刑廢止の意見を發表して以來、法曹界の好題目として迎へられ、爾來今日に至るまで、世界の學者から學理實際の兩方面から、その利害得失に就き、論爭討究し盡されてゐるのである。從來死刑存續の論者は、その唯一の武器として主張する第一は、死刑の目的は他戒にあるといひ、又あらゆる處刑中、死刑は世人を威嚇するに、最も効果の大なるものがあるといふ。この見地からいふと、死刑を廢止するは、犯罪を未然に防遏する良策を拋棄するもので、若し之を廢止せば、殘虐なる犯人は、益々跳梁するに至り、吾人は枕を高うして安眠することが出來ぬといふのである。

第二は、同じ死刑存續でも行き方を異にするものである。かの伊太利のロンブルソー氏がそれである。彼は曰く、死刑は良刑なり。廢止すべからず。吾人は現今のやうに幸福なる社會に共存するを得るは、これ前世紀に於て、盛んに死刑を行ひ、惡人の種子を撲滅した爲なりと。これ人權改良論より見たのである。この第一說中にも、他戒に對しては、沿革からいふと、古い思想即ち齒には齒を以てし、手には手を以てするといふ思想がある。それから五千年前のハムラビ法典にもこの精神が覗はれる。この時代は、人の生命に係るやうな事件に僞證せる場合は、直ちに死刑とし、又神社佛閣の器具を盗み若くは毀ちたる時にも死刑にした。

紀元前四世紀アレキサンドリヤにては、刑人を生きながら解剖に附したといふ最も殘酷なる殺し方もあつた。降つて英國ヘンーリ八世時代に至りても、毒殺犯人は之を海老のやうに釜でゆであげた。東洋に於ても、刑名學派の重刑主義を採用し、我國もかうした思想を受け入れ、隨分むごい刑罪に處した實例がある。かの火あぶりの刑、はりつけの刑などは、近く德川時代まで行はれてゐたが、現に米國あたりにては、罪人を吊り下げて殺す刑をやつてゐる所もあるといふ。

叙上他戒の目的から、種々殘酷なる刑罰が行はれたのであるが、その結果は豫期に反して、何等の効果を生じない。寧ろ却つて反對の結果を生ずるに至り、人をして愈々殘酷ならしめたに過ぎなかつた。佛國革命の當時、公開された死刑を見物した連中で、足を踏まれたのが本となり、大喧嘩に花を咲かして、殺傷沙汰のあつた實例もある。支那にては、周代成康の世、天下安寧、刑措て四十餘年用ひずとあり、西漢の文帝時代には肉刑を全廢して天下泰平とある。外國の統計からしても、死刑を廢止して、廢止前と廢止後とを比較すると、廢止後の方は、却つて成績が良く、殘酷な犯罪が鮮くなつてゐる。この點から考へて見ても、他戒の目的が達してゐないことが明白である。又ロンブルソー氏は、今日吾人の安寧生活は、前世のお蔭だといふが、それはさう論ずるだけで、事實果して然るや否やの證據がない。つまりかゝる說は、法理と道德を無視した僻見たるに過ぎずして、到底信用するに足らぬのである。

要するに死刑廢止論は、ベツカリヤ氏之を主張し、次でパルム氏を始めデユーポール氏、モンテスキユー氏等無數の學者相和して主張したもので、人の生命を國の力で奪ふは、國自らが殺人罪を犯すに齊しいものだ。天下かゝる矛盾があるまいといふのである。佛國革命時代ロベスピエール（西暦一七八九年代の人）は、西暦一七九二年四月廿五日始めて殘酷なるギロツチンを用ひた人であるが、その前年五月三十日に、死刑は存續すべきものなりや否やに就き、佛國の憲法議會に於て攻究されたとき、その廢止論の覇者であつた。ロベスピエール氏すら死刑の廢止を問題とした所に、死刑は如何に惡刑であるかを見るに足るであらう。

英國の自責錄に依れば、英國の裁判所に於て或る被告人に死刑の宣告をなさんとするや、自責の念に堪へずして傍聽席から法廷に飛出し、吾こそは眞犯人なりと名乘りしものあることを記載してゐる。裁判官も人であるから、かやうな間違つた判決のある事は免れない。

死刑はその間違を死刑執行後見出しても、亦た如何ともしやうがないのである。我國で明治三十三年から、同三十八年まで足かかけ六ケ年に、一審で死刑を宣告されたものが百十八人あつたが、その中控訴上告して死刑を免れたものが八十七人もある。卽ち三分の二の大多數である。判事によりて同じ事件に對し、かやうに見方の異にする。而も一審に於て常に重きを示してゐる。一旦殺して了へば取返しがつかない。近時世界各國の大勢は、段々と死刑を廢止し、よしんば死刑の名を存しても、實際無期刑にされるだけするといふやうになつたことは、寔に喜ぶべき傾向である。

我國でも花井博士、故人小川(滋次郎)博士等は、死刑廢止論者であつたが、今日まで反響のないのは洵に遺憾のことゝ謂はねばならぬ。

(昭和四年九月四日)

刑事補償法の根本思潮

一　緒　言

「泣く子と地頭には勝てない」との諦めは、西歐の文明を滿腹に吸引した我が國の、今日未だ拔け切らない思想である。之を以つて見ても、我國の現狀では、官僚の前に個人の權利は太陽の前の星晨のやうなものであるといふことが出來よう。國家は最高の道德であり、國家には不法行爲はないことを人民に信ぜしめる訓練は、長い間東洋に於て實施せられてゐた政治の根本であつた。又之と相表裏して、國家に盾つくものを壓服するに橫車を押すことは常套のことであつた。無限の權力には濫用などといつた制限は考へられぬことであつたのである。刑事政策の上から見て、尙書の敎ふる「無辜を罰せむよりは寧ろ不經に失せよ」といふのも、施政家をして人民の國家に對する信賴を裏切らしめざる仁政への用意に過ぎなかつたといふことが出來よう。德治の極といはねばならぬ法治國時代の今日と雖、その精神を止揚されねばならぬ。しかしながら、その語は國家活動の一面に於て正しい。しかし、たゞ、一面のみを充し得るに過ぎない。國家は概念上「斯くの如きの存在」として無辜を罰しないものでなければならぬとしても、之では現實に罰せられた無辜を如何に救濟すべきかの問題の解決にはならない。國家生活上刑罰權は國家之を獨占するところとはいへ、罪なくして罰せられる爲に偶然が選んだ人にひたすらなる忍從を强ひることは、國民の公平の觀念が之を許さない。事實としての不公平の存在を認むる限り、之が救濟を考究せねばならぬこと勿論である。こゝに我が國に於ても、亦、寃罪者に對す補償の問題が考へられることゝなつたのである。

二　立法例　二・三

此の種法制として、最初のものに、一八九五年六月八日の法律によるフランス治罪法第四四六條の十項から成る新條がある。曰く「刑の言渡を受けた者を無罪ならしむる再審の判決に於ては、其の者の請求に因り刑の言渡を受けたるが爲め被りたり損害の要償を許すことを得」と。フランスは洵にこの民權主張に先鞭をつけたものゝ今日、尙、再審による無罪の場合にのみ賠償を認めてゐるに過ぎない。之より少しく遲れて、一八九八年五月二日ドイツは「再審により無罪を言渡された者に對する賠償に關する法律」を發布して再審手續に於て無罪の言渡を受け又は輕き法條の適用に依り輕き刑の言渡を受けた者であり、旣に前に言渡された刑罰の全部又は一部の執行を終りたるものなるときは、國庫に對し損害賠償を請求することが出來ることゝしたのである。次で、一九〇四年七月十四日には「未決拘留を受けた無罪の被告人に對する賠償に關する法律」を定むることゝなつた。この法律の特徵とするところは、無罪又は免訴の決定を言渡された根據がたゞ單に證擧不充分等の理由であつたのでは、賠償請求の原因としては充分でないことである。しかも賠償請求權の認定せらるゝが爲には、この外に被告人に罪責の全くないことが積極的に立證せらるゝか、或は少くとも一旦公訴提起を見るに至つた被疑事實が全く存在せざることが立證せらるゝことを要するのである。賠償の範圍は、專ら、未決拘留に依つて生じた財產上の損害を賠償すべきを本則としてゐる。唯、附隨的に拘留狀を發する前に拘引又は逮捕をなしたるとき被る損害も拘留と異なるところがない故に賠償は之等先行事實に因つて生じた損害をも包含して賠償せるべきものとしてゐるのである。

オーストリヤも、亦、一九一八年三月二十一日「不當なる有罪判決を受けたる者に對する賠償法」

を次で、同年八月十八日「未決拘留に對する賠償法」を制定してドイツと略同じ趣旨を定めてゐるのである。

三　我が國に於ける冤罪者賠償の沿革

我が國に於ては、明治三十年頃より行政法の方面に於て官吏の職務上の過失に因る損害賠償責任の問題として冤罪者賠償が一般的に論議せられたことは法律界の周知の事實である。しかしながら、通説はこの場合國家の責任を否定するに傾いてゐたのである。國家は合法的の範圍內に於てのみ行爲能力を有するに過ぎないと信じられたからであらう。假令、國家が刑罰權、裁判權の公權の主體としてその機關たる者の行爲により他人の權利を侵害した場合に、その官吏が故意に公權を濫用したことが明かであつても、之は官吏が個人として賠償責任を負ふは格別、國家又はは公法人損害賠償の責に任ずることがない。今日、尙、有力なる公法學上の學說は國家が民法上の法人と共に所謂私法上の損害賠償の義務を負ふことを否定するやうである。たゞ、公平の原則上、僅かに何等かの意味での償ひを與へなければならぬといふことを認むるに止るのである。美濃部博士の所說に從へば、今日の社會正義の思想上人民は國家の權力に依つても違法に其の權利又は自由を侵害せられざる權利を有するものなるを以て、若し、國家の違法なる權力の行使により人民の權利を侵害することあらば、人民は其の損害に付き國家に對し求償權を有することを正義の當然の要求となすべく、近時の諸國の趨勢は此の場合に於ても或限度に於て國家の賠償責任を認むるに傾けり。然れども、我が從來の國法は未だ此の主義を採るに至らず、國家の公權力の作用に對しては人民は之に忍從することを要す、とするの思想は、今日に於ても、尙深く其の影響を遺し假令、其の行爲が違法であるとしても、人民の之が爲に受けた損害に付ては、唯、其の行爲が官吏の故意又は忍容すべかざる過失に基きたる場合に於て官吏私人に對して賠償を請求し得るのみ。國家に對する關係に於ては其損害を受忍することを要し、國家に對して損害要償の權利は認めらるゝことなし、と。しかうして寃罪者に對する補償が實際問題として起つたのは、最近の昭和四年第五十六帝國議會であつたのである。宮古啓三郎外十九名の諸氏が同年二月二十三日に「刑の執行又は拘留に因る補償に關する法律案」として提出せられたのであつた。次に、昭和五年にも法案として表はれたのであるが遂に、法律とならなかつたのである。されば、今回の政府案は實にその第三回のものであるのである。

四　寃罪者に對する補償の根據

今日、寃罪者に對する補償がなされなければならぬといふことが認めらるゝに至つたことは、世界的の事實であつて之に反對するものはあるまい。たゞ之を認むるの理由に至つては文化の程度及びその他の法律並に社會制度の完備の程度と相俟つて、必ずしも同一ではない。否、同一國家に於ても、之を認むる理由は區々として歸一するを知らないのである。或は、形式上適法なるも實質上不正なる司法處分に基く國家の賠償責任は所謂無過失責任の一種に屬する（岡根博士）となし、或は、民法第七〇九條の規定が現行法上判事檢事の場合にも適用ある限り國家は此の場合同法第七一五條によりその不法行爲に對して使用主としての賠償義務がある。國家の絶大なる賠償能力をもつてして初めて被害者を保護し得るものである。（小野教授）或は損害賠償の社會化として苟も救濟の必要あり救濟を受くる資格ありと認めらるゝ限り加害者側の事情とは關係なく之が救濟を與ふべきもの、（末弘博士）とし、或は、更に司法處分に因る補償はその本質上所謂公法上の賠償の一種に屬するものであつて故意過失を基調とする私法上の損害賠償と全然その性質を異にする、形式上適法に特定の個人に對して公益の爲に犧牲が課せられた場合（公用徵收の如き）に給付せらるゝ補償と同一である(泉二博士)、とせらるゝるのである。しかうして、我政府草案はこの最後の說と同趣旨であつて、本案の補償は民法の不法行爲に原因する財產上の損害賠償と云ふものは一切認めて居らぬ。唯、無辜の良民にして起訴又は刑の執行を受け不測の不名譽と著しき苦痛を被りたる者に國家は同情を寄せ、之に對する慰藉の途を講ずるのに外ならぬものである。(昭和六年二月二十三日官報外第四〇四頁參照)とせられてゐるのである。

しかしながら、政府の仁政呼ばりは、甚だ耳障りであるとの理由に基いて、委員會は第一條以下「補償を給與す」との中、その「給與」を削除し、須く時代の趨勢に鑑みて上下の區別を附するよりも、寧ろ、對等の資格に於て權利義務の觀念を現はすを正鵠を得たるものとしたのであつた。私も亦しかく思ふ一人である。今日の法的感情よりしても論理的法學的構成の上から見ても法人としての國家が他の社團法人とその人格的存在に於て異別されることは出來ないのである。民法制定當時の如く法人は國家の擬制するものと信ぜられた限りに於てはいざ知らず、法人はその成立の如何に拘らず實在として法人格を有し行爲能力を有するものである限り、又、不法行爲能力の否定せらるべきものではない。しかうして、社會的に特別な任務或は作用を帶有する法人が、それに基く加害行爲について、無過失を負ふべきは、今日の社會觀念上、當然のことゝいはなければならない。社會連帯の中に於て、國家も亦出でゝ個人と對立する關係より見れば全體の一部である。社會的共同的團體的の存在としての國家はその組成員の一部の不幸に連帯せねばならぬ國家は各個人から刑罰權を獨占する。それは凡ての個人の利益に於てゞある。その全體としての國家が獨占する刑罰權の利益は、或る特定人の利益の爲に獨占せらるべきではない、と同時に、或る特定人がそれに基いてひとり被害を受くるべき理由もないのである。このひとりの損害は、當然、社會全體としての國家に歸せねばならぬのである。されば、國家がその構成員である者に對し、害を加へて後に仁政を施すなどとは、今日の法治國思想の下に於て到底是認せらるべき思想でない。假りに國家と個人は全然別個の對立關係の存在であるとしても一方に罰して他方に之を理由として仁政を施すなど寔に封建的思想の殘骸に外ならぬといはねばならぬ。若し又、眞に仁政を施すものであるとすれば第五條に於ける五つに及ぶ除外例を規定する迄もないことである。少くとも、刑事責任無能力者等に對しては最も仁政を施すべき必要があるのでなからうか。この除外例こそ、實に國家が仁政の名の下に隱れながらも、社會の潮流に押し流されつゝ止むを得ず自己の賠償責任を認むるに至つたことを自白したものに外ならぬのである。

五　賠償の範圍

國家賠償を認むるの理論の如何を問はず、近代思潮に基いて之を許すべきものとの積極的決論に到達すべきものとすれば、その範圍には遺漏あるを許さないのであるといはねばならぬ。最も重大なる本案の缺點はいふまでもなく留置處分の除外である。今日、檢事局の起訴の公正が司法警察の人權蹂躙の爲に沒意義化されんとしてゐることは、識者の齊しく認むるところである。かくて、司法警察の檢事局直屬の必要も叫ばれつゝあるのである。違警罪卽決例に依る拘留、或は刑事訴訟法所定の强制處分に基く拘留はまだしも、犯罪の嫌疑を以つて拘引逮捕及び留置を爲した場合の救濟がなければ、刑事補償法の眞の精神は徹底せられないといはなければならぬ。私はこゝで司法警察官の職權濫用を云々するものではない。それとは全然別個の問題としても犧牲となつたものには相當の賠償をする必要があると信ずるのである。例へば、卽決處分について警察は必要と認むる限り科料言渡のときはその金額を假納せしめ、また、拘留言渡のときは一日を一圓と換算して刑期全額の保證を提出せしめ若し、右の假納金を納めざるときは一圓一日に計算した範圍內犯人を警察に留置し得べく、保證を提出せざるときは原則として第五條所定の正式裁判申立期間內犯人を留置し得ることになつてゐる。違警罪にかゝる人の多くは浮浪人貧窮者が多く、かくの如き保證金假納金を納め得ない結果留置に處せらるゝ場合が甚だ多いのであつてかゝる場合、これらの者が正式裁判の申立により、無罪となるに於てはこれ亦、人道上の精神に訴へて補償を爲すべきものではないかとの問題を生ずるのである。政府はこれを排除した理由を財源に籍口するものゝ如くである。しかしながら、斯くの如く國民の最大權利或は自由を確保するものである場合、如何にするとも財源は之を捻出せねばならぬものであらう。國民の根本的權利の如きは、財源より先に認められ、財源は從つて發見せらるべきものでなければならぬ。殊に、警察に於ける留置處分或は刑事訴訟法所定の强制處分に基く拘留の如きを、最も頻繁に受くべき必要のある者は、實に、前示の如く貧窮の爲め住居等を保ち得ざる底の人々である。かくては之等の者及びその被保護者に對しては、實に、留置は生存權の問題であるのである。財源の故に放置せらるべきではない。或は違警罪即決處分の數は甚だ多く、拘留の言渡及び科料の言渡は共に一年各十萬件を下らぬ故無罪の補償をなすとすれば、その財源に堪へないといふけれども、私は多數なるとそれが前述の如く貧窮者なるが故に、尙更補償する必要があるものと思惟するのである。この場合、元來我が國ほど無罪率の少い國はない、といつたことは、補償法を仁政化し、或は、一部分、例へば違警罪即決處分等を除外する理由とはならぬと考へるのである。否、無罪率が零となつてはじめて補償法の表現する社會的團體的共同的國家の充實したるが示さるゝのである。よし、補償法は活用なくともこの思想は消滅するものでないのである。實に、古田書記官の言はれる如く「公正なる我司法部に錦上更に花を添へんとするのであらう」。されば、私は更にその美しかるべき花に實を結ばせ度い。司法制度の形式はともあれ、その實は司法警察の深きにまで及んでゐることを思はねばならぬのである。

之に反し、ドイツ法制に於ては、損害賠償主義により國家の仁政或は慰藉料の如き不徹底なる主義を採らぬ爲め、

(一) 被告人が故意又は重大なる過失により未決拘留を招いたとき

(二) 未決拘留を招いた被告人の行爲が著しく不正直又は不道徳性を具有するとき、又、其の自由なる意思決定を阻却する泥醉狀態に於て爲されたる場合、乃至は、その行爲の狀況より被告人が重罪又は輕罪を敢行せんとしてその豫備として爲したることの明白となつた場合

(三) 被告人が拘留の當時公民權を有せず、又は、警察監視の下にありたるか又は、拘留前二年以内に於て刑法第一八一條又は同第三六二條により地方警察官廳に責付する旨の言渡確定せるとき、若しくは、重懲役に處せられ其の刑の執行を終つた後未だ三年を經ざるとき等の例外規定がその意

義を有するである。

而して我が國と同じく、その損害賠償の請求權を無罪又は免訴の確定裁判を經たる者のみに認め、檢事の現行犯處分其の他の强制處分に依り未決拘留に處せられ、其の後不起訴處分に依り釋放せられた者に對しては之を認めて居らぬのであるが、之を財源の理由に依らず、唯、種々なる難問を生じ弊害之に伴ふからであるとしてゐることに注意せねばならぬ。人權の爲め、この弊害や、難問をつとめて除去すべきを言ふを待たない。

六　賠償の目的物

寃罪者に對する國家賠償責任に關する法理については種々の說が行はれてゐるが、西歐諸國は多くその立法の根據を公法上の一種の賠償に求め、一般に本人の經濟上の損害を賠償することになつてゐるのであるから、それは個々具體的場合に於ける財産的損失如何を算することに依つて定めらるべきことになる。之を要するにその理由及び目的を極めて法律的のものに認むるに反し、我が法案に於ては蒙りたる損害の賠償といふことよりも、その受けたる精神上の苦痛に對する慰藉といふ點に重きを置き、而も、斯くの如き慰藉の方策を講ずることが、抑人道を尊重する所以なることに主たる理由を求め、甚だしく道義的分子を高調してゐるのである。その立法理由を見るに「凡そ裁判檢察の事務に從事する職員が事件を處理するに當り常に深甚の注意を拂ひ、克く事實の眞相を穿ちて處分の公正を完うし、何等過誤のなきことを期するは固よりその所なりと雖も、斯の如き注意の至れるに拘らず、時に、或は、無辜の良民にして偶然の事由に因り起訴または刑の執行を受け、之が爲めに不測の不名譽と、著しき苦痛とを被むるもの無きに非らざるは誠に遺憾とする所なり。蓋し、斯くの如き場合に於て、國家が相當なる慰藉の途を講ずるは人道を重んずる所以にして聖代に於ける國家の當の執るべき處置なりとす。これ本案を提出する所以なり」と。

かくの如き我が法案の立場よりすれば、財産上の損害といふことよりも寃罪事件を惹起せられしことによつて蒙りたる精神上の苦痛不名譽に對する慰藉を計らんとするにあるのであるから、本則としては金錢で賠償すべきものでない。解決の一手段としては無罪免訴の判決を諸新聞なり官報なりに公告して謝罪をなす方が甚だしく有效といふことにならう。政府草案が豫備草案の第一三條を削除して第五條に專ら金錢補償のみを認めたのは主義一貫せないところがある。少くとも、委員會の修正案第一九條の如く官報掲載を定むべきであることは論を俟たない。しかしながら、一度裁判を受けた者無罪を發表することが無罪者の迷惑となる場合を杞憂し、專ら之をその者の申立に拘らしむるは私の賛成し能はぬところである。これ補償の請求が無罪者の主張に拘るべきか否かとは全然別個の理由に基かねばならぬのである。従つて、私は、牧野氏の修正案第六條の如く、無條件に官報に、その申立に依り、更に、新聞に掲載すべきものとするを正當と思ふのである。

しかしながら、現代の社會組織に於ては金錢を給付することに依つて、精神的慰藉も可能であることを否むを得ない。從つて、精神的苦痛の補的に對しても民法の示す如く、慰藉料と併立的に新聞廣告等、特別な適當な方法を認むべきであらう。之等は合して損害賠償に外ならぬのであるからやがては、物質的損害をも賠償すべき同一原則の上に立つ。さしあたり、少くとも司法處分に依つて貧窮に陷つた者及びその家族には率先して賠償が爲さるゝやう法律の認むべきものでなければならぬのである。

七　結　尾

私は立法技術の末端や各規定の詳細については云ふべき多くを持つてゐる。しかし、その根本思潮は右に盡したと思ふ。これとて別に新らしいことを言つたのではない。たゞ思潮が語るところにいさゝか唱和し得たと思つてゐるに過ぎない。大方の諒恕を得て筆を擱くことにする。

實際より見たる刑事補償法

日本評論社の昭和十年版の法律年鑑を開いて見ると、昭和六年度に於ける刑事の確定裁判の總數は十五萬四千三百九十四件であり、その中第一審で無罪免訴の言渡を受けた裁判事件は四百四十七件である。控訴審で無罪免訴の言渡を受けた事件は二百九十三件あり、又上告審で同樣の判決を言渡された案件は十八件である。この數字のうち其の何割が無罪であり、何割が免訴となつた案件かは之を區別することを得ず甚だ殘念な次第であるが、然し無罪の言渡を受ける事件も案外にすくなくない事は明かである。

昭和六年の前後を通じて殆ど似たり寄つたりの數字を示してゐるが、補償法施行後最も新しい統計である昭和八年の數字を見ると、刑事の確定裁判の總數は十八萬一千七百九十二件の激增を見てゐるに拘らず、第一審で無罪免訴になつた事件は四百六十六件である。又控訴審で無罪免訴となつた案件は百八十六件にして、上告審で無罪免訴となつた案件は二十六件である。殊に補償法實施の年である昭和七年に於ける大審院の無罪免訴事件は僅かに九件を算するに過ぎない。

此の無罪免訴事件の比例的減少は、別に補償法が出たからと云つて、意識的にもたらされたものではなからうが、昭和四、五、六年の無罪免訴件數の數字に比して、昭和七、八年にはずつと激減してゐる。殊に確定判決の總數に比例して一層その感を深くするは、統計に目を通したる何人も疑はない所であらう。國家の公正なる裁判、殊に發達進歩したる我國の現時の裁判組織の下に於て、無罪の事實、無罪の證據が看過せられて、無辜の民が寃罪に苦しむといふが如きことは殆ど想像するに難い。謂んや、補償法が出現したからといつて、強いて無罪たる可き案件を有罪として取扱ひ、補償の事實の否認、從つて官吏たる裁判官が自己の過失によつて國家に損害を及ぼす事態の發生を防止せんと努力するが如きことが存在すべき筈がない。

けれども、補償法制度の如きものは人間の微妙なる心理が、暗々裡に作用することを忘れてはならない。補償法制定の際に於ける衆議院委員會の速記錄の中に、政府委員と討議した委員が斯ういつてゐる。「下の裁判の判事自身は立派な法律上の研究を判決の上に現はさうと云ふよりも上に行つて破れなければ宜い。上に行つて判決が破れると自分の上進に影響する。私は司法官時代に頻りにそれを云はれた。破れないやうに判決しさへすれば宜いのだと云ふことを頻りに言はれた。又上の裁判所も成べく下の判決は破らないやうにと云ふことで、如何に無實を訴へても、殊に大審院の如きは殆ど書面審理で無罪の者がドン〳〵有罪でやられてゐる、斯う云ふ實例が多い。云々」。裁判は眞正でも、裁判を行ふ裁判官は人間である。軍人は君國に對し至誠の奉公を致すものではあるが、同時にそれに依つて生活する者もある。裁判官は國家機關ではあるが、同時にそれを職業として生活する者である。此の二面は裁判官の作用の中に微妙に交錯する。人間としての裁判官、生活する者としての裁判官は、出世すること、上進すること、或は自己の裁判が常に完全であり、過誤のないことに喜びを持たない筈はない。同時に人間として同僚の仕事に下僚の仕事にケチを附けたくないと云ふ氣持の湧くことを否定出來ないだらうと考へる。

人の心理の內奧に作用するこの微妙なる心の働きを看過しては、補償法の實際の適用を、適用に現はれるその眞の姿を發見することは困難であらうと思はれる。獨逸には非常に進歩した有ゆる賠償法が出來てゐるが、是は殆ど運用されてゐず、まつたく羊頭狗肉の制度であると云はれてゐる。これは凡ゆる國家の權力行使に對する損害賠償の請求權を國民に與へることによつて、寧ろ斯う云ふ國家權力を行使する者に非常なる反省を與へたるために、賠償條文の適用される餘地がなくなつたと同時に一方では強て賠償法適用の餘地の生ずる事態の發生を糊塗隱蔽したものではなからうか。

我國でも、補償法施行の當初は、成可くその適用の機會を與へないと云ふ方針の如く見受けられた。昭和七、八年度に於ける補償に關する大審院の判例を見ても殆ど補償法第四條のいづれかの條項に基づいて、補償請求を却下してゐる。殊に同條第一項第二目の「起訴セラレタル行爲ガ公ノ秩序又ハ善良ノ風俗ニ反シ著シク非難スベキモノナルトキ」とか、或は第三、四項「本人ノ故意又ハ重大ナル過失ニ因ル行爲」とかいふ條件は、その字句自體如何樣にも解釋せられ、是を嚴格に解するに於ては殆ど總ての無罪事件が、補償法の適用を受けない狀態に立ち至る。

警察署に於ける被告人の自白が起訴の原因を爲したといふ案件は、刑事裁判には珍しくない。斯樣な事件が、他に何等有力な證據がない爲め第一審乃至上告審に於て無罪となることもまた敢へて珍しくない。このやうな事件に於て無罪被告人が刑事補償の請求をすれば、大審院は最後にあたり常にこう云ふてゐる。「警察署の自白が强制威迫に基き爲されたることを認め得べき資料なきが故に、本件は本人の故意又は重大なる過失が起訴原因を爲した」ものと解するのほかはないと。即ち自白に基づく起訴は、本人の故意又は重大なる過失に因る行爲に基づく起訴であるから、補償請求は成りたたないと解釋するのである。

然し、警察署に於ける自白がどんなものであるかと云ふことは既に一般の常識である。他の强制威迫がないのに、進んで掛官を欺き不利益な自白を敢てする者などゝいふものは殆どあり得べからざることである。第一に夜中の一時、二時頃に取調ぶることが威迫でなければ、人權蹂躙などゝ云ふ問題は生ずる餘地がなくなる。

放火の現行犯として警察に留置拘禁され、自白に基づき送局された。然し、檢事に對しては警察に於て何故虚僞の供述を爲したかに付て、詳細に辯明した。從つて檢察官に於て相當注意するに於ては、起訴せずに濟んだ筈であつた。豫審でも之を繰返したが、豫審の終了の頃、父親死亡したに對し僅か六時間の出監を與へたのみで、再び拘引狀を執行し、遂に一年有半拘留したと云ふ事件がある。本件は拘引狀執行前警察署に於ける留置拘禁に對し、補償せよ、しないの法律上の爭ひであつたが、それは別として警察署の自白と云ふものは、大概こんな結果を見るものである。それを警察署に於て自白をした爲めに起訴されたものに對して、それは自己の故意又は重大なる過失が起訴原因を爲したものとして、之が補償を拒否するは、補償法の精神に照し殘念に堪へない。

私の取扱つた「パス屋殺し事件」に於ては、被告人とされた長谷川氏には、警察署から最後の法廷に至るまで自白と云ふものは全くなかつた。從つて、自白によつて補償が拒否される掛念はなかつたが、結果から見れば、一旦死刑の言渡を受け、足掛け四年の長年月未決拘留に置かれる者に對する補償としては、假令補償が物質上の損害を顚補する制度でなく、精神上の慰藉を圖る制度としても、あまりに寡額にすぎ、そして寡額なることに付いて不服を申立てる機會を與へない補償法に對して不服を申立て度い。

補償法制定の當時「五圓以内ノ補償金」といふことは非常に問題となつた。寃罪を着て、一日五圓位の補償金を貰つたのでは迚も我慢が出來ない。殊に財産上の損害は賠償しないが、精神上の慰藉を與へると云ふならば、猶ほさら一日五圓以内と云ふが如く定める必要はなからう。一日拾圓でも一日二圓の割合でもよいから、すべて金額に制限なく裁判官の判斷に任す可しと云ふ議論が强かつた。折衷論者は、國家財政上制限のないことも困るから、一日十圓以内の補償金で妥協することを求めた結局この補償が全然ないよりは五圓の補償金制度でもあつた方がいゝからと云ふ實際上の論と、政府も五圓以上給付する要ある場合のあることを認め漸次この金額を高めるやう法の改正に努力することの意思の表明に依つて本法の成立を見たのであるから、本來は五圓の制限額をどんどん利用してよいのだが、私の知つてゐる範圍では某金貸の無罪に一日金四圓の補償を與へたのが一件あるきりで、他は大概二圓か三圓の補償金に止つてゐる。

私の取扱つた長谷川繁氏の事件の如きは、本人は壹千四百八十一日拘留されてゐた。そのうち滿一ケ年と十一ケ月間はまつたく接見を禁止され、豫審第五回の取調から第六回の取調に至る間は滿十ケ月と二十五日は全然刑務所内に打捨てられた儘取調べも爲されず、更に第七回目は暮の二十八日に一寸豫審廷に引出された儘またもや第八回との間に滿五ケ月も漫然と放置されてゐる。而も苦痛に堪へかねて自殺を圖り四十日間皮手錠の制裁を受けてゐる。殊に本件に付ては原宿警察署が當初詳細に取調べた結果、全く犯罪の嫌疑ないものとして釋放したもので、本人に對する有利な證據も蒐集されたのであるが、警察署から提出されて公判廷に行く迄の間にそれら有利な記錄が姿を消してしまつたのであつた。且つ警察署から控訴審までまつたく否認し通して來たのであつて、それにも拘はらず一審は死刑の宣告を言渡され、その苦痛と長年月の拘禁生活と相俟つて今日なほ腦神經衰弱に苦惱してゐる。これらの事情を綜合すると、この件の補償金の如きは寡額に過ぎると考へらるゝ。從つて斯樣に寡額に失するものに對してはやはり不服申立の方法を講ずべきではなからうか。

これを一括して、私の補償法の將來に對する希望は、第一補償法適用の機會を多からしめること、殊に治警法第一條によつて拘禁された者に對しても、拘引狀執行前に警察に拘禁された者に對しても、或は自白に基づき起訴處分を受けた者に對しても、その恩惠に浴せしむるやうにしたい。更に補償金の金額を高め補償金の寡額の者に對しては不服の途を開き、補償請求の申立を爲し得る期間を延長したいものと考へる。さらに補償法の功罪兩方面、現在及び將來に付て論及する積りであつたが思はず紙數をとつたので玆に擱筆する。

（二一、三、二〇）

陪審裁判の話

陪審法の起り

「カチューシャ可愛いや」の歌でおなじみのトルストイの「復活」は、皆様も大抵御存じでせう。其の中にカチューシャが殺人強盗の嫌疑で法廷へ引出された時、ネフリュードフ始め十數名の人々が別室でその眞否を評議する場面があります。この十數名の人々が即ち此處に謂ふ陪審員であります。

日本でも本年十月から始めて陪審制度が施行されます。この制度は英國に於て成功し、獨逸では不幸にして失敗に終りました。思ふに此制度を生かすと殺すとは一にこれを運用する國民の覺悟如何に在ります。僅か六十年の間に六百年位の文化を飛び越え、長足の進歩を遂げた我が日本國民は必ずやこの制度をも咀嚼し同化して、昭和史上に、輝かしい頁を作るに違ひありません。それが爲には陪審とは如何なるものか先づ豫備知識を得なければなりませぬ。

陪審制度の起源を古く尋ねてギリシャ、ローマ、ゲルマン等古代國家に行はれてゐた人民裁判に求める人があります。然しこれには學者間に相當異説のあることで確には申されません。

現在の樣な陪審制度は十二世紀の頃から英國に發達しました。初めは單に裁判上の便宜から行はれましたが、漸次形體を整へ、十六世紀には略現在と同樣のものとなりました。十八世紀末フランスには、かの大革命が勃發し、自由と正義に喘いでゐた當時のフランス人が專斷的な裁判に代るに陪審制度を採用した事は當然の事であります。革命思想の傳播と共に陪審制度は獨逸を初め歐洲各國に擴まり、自由の國、米國も、建國當初からこの制度を採用してゐます。

日本では明治十六年小野組事件、同八年廣澤參議暗殺事件に所謂參座制度を認めます。然しこれは裁判官以外に行政官吏の參與を認めてゐる丈であつて、廣く國民一般を裁判に參與せしめたのではありません。それ故正しき陪審制度の起源とは言へますまい。明治十年陪審制度の草案脱稿を見ましたが、時期尚早で葬られました。同廿九年日本辯護士協會創立と同時に國民の聲として陪審制度の必要は在野法曹家によつて叫ばれ、越えて四十二年松田源治君外四名が議會に陪審制度の建議案を提出して採擇され、大正十二年四月に至り新制度は法律第四十號を以て公布されました。この新制度實施の爲に不斷の努力を惜まなかつた人々の中故人となつた、原敬、横田千之助、江木衷諸氏の名は牢記して忘れてはならないものであります。

現在では司法省に於て陪審法實施準備委員會を組織し、朝野十五名の委員が集つて鋭意調査研究を進めてゐます。一方浦和、千葉、水戸、前橋、四裁判所では、已に新法廷の建築が完成し、目下東京其他の裁判所でも着々法廷の新築中であります。

陪審制度の必要

然らばこの樣に紆餘曲折幾多の艱難を經て迄も、陪審制度を採用しなければならない理由は、何處に在るかといふ事が問題となつて來ます。第一は、政治上の理由であります。立憲政治では、立法、行政、司法、を三權分立と申します。立法は議會の協贊を經ます。即ち人民は立法に參與してゐるのであります。行政では、自治制度が認められて居つて、人民が自ら治める仕組みになつて居り此處にも人民の參與が認められて居ます。

殘つた司法のみは、長い間專門の裁判官に委ねられてゐるのであります。もとより日本の裁判官は不偏無私で、あらゆる判決には公平と正義をその經緯としてゐる事は疑ひありません。ですから充分信頼して善いのでありますが、然し立法、行政には既に人民の參與を認めてゐながら獨り司法のみに、これを認めぬのは片手落と云はねばなりませぬ。

第二は司法上の理由であります。國家は正義を生命とし正義を基礎として初めて國家としての意義があります。諸君も正義の行はれない國家が、未だ嘗つて榮えた例を、聞いた事はありますまい。國家の大なる働きである司法も正義を原動力としてゐます。司直の手と謂ふ語も畢竟正義を意味するのであります。裁判は實に正義の具體化されたものでなければなりません。

我國の裁判は、國民も信頼敬服してゐるものでありますが、裁判官の判斷は從來、ともすると、理性に捉はれ易いと云ふ批難がないでもありません。

この際識見德望ある普通の人々を裁判手續に參與せしめたならば裁判に對する信頼が愈々深くなり裁判の威信も一層高められるといふ事が出來ませう。又被告人も、國民の中から選ばれた陪審員の判斷が基となつて裁判されたと思へば、自ら不平も和らぎ、自然裁判所に親しみ法律思想も愈々普及する事になるに違ひありません。

この二つの理由から陪審制度は採用されました。即ち立憲の本義時勢の進運に從つて出現するに至つたのであります。吾國の陪審法はフランス初め歐米各國に見る如き流血を以て購ひ得たものとは非常な違ひであります。建國本來の精神がこゝに陪審制度と謂ふ美はしい花として咲いたのであります。

從つて日本の陪審制度には、他國に嘗て見られない、特長があります。卽ち第一陪審員は事實問題を審斷する丈であります。甲が乙を殺したかどうか、と云ふ點丈であります。英國では尙進んで甲者は法律上罪が有るか、無いかと云ふ點まで判斷します。ドイツは參審制度を最近採用してゐます。これは裁判官と素人が初めから一緒に裁判するのであります。事實問題を素人。法律問題は裁判官。と、かつきり區別のついてゐるのは、我國の特色です。

第二は陪審員の評決が裁判官を、拘束しないと云ふ事であります。歐米諸國では無理があつても先づ、陪審員の判斷に從つて、裁判しなければなりません。反之、我國では裁判所が陪審員の判斷が間違つてゐると考へれば、裁判所の考へが陪審員の考へに一致するまで他の陪審員を選び直す事が出來ます。從つて裁判所には再考の餘地があり、正義と公平はよりよく保たれる事になる譯であります。

陪審法の適用範圍

此の樣な理由で、この樣な特長ある陪審制度が、實施される事になりました。今簡單に其の手續をお話し致しませう。

如何なる刑事々件が、陪審裁判で裁かるゝかと云ふに二種あります。

第一　法定陪審＝法律に定めた重い刑である死刑とか、無期懲役に當る罪を犯した者は、被告人の希望するとしないとに拘はらず、原則として當然陪審にかけられます。

第二　請求陪審＝法律に定めた刑が、長期三年を超える有期役又は禁錮に當る事件は、被告人の請求があつた際、陪審にかけます。公文書僞造とか竊盜、橫領はその一例であります。

然しながら前の法定陪審の場合でも、被告が辭退を申出でた時は、陪審裁判を止めます。又後の請求陪判の場合でも被告から請求を取下げた時には、同樣止める事になつてゐます。是れは陪審なるものが被告の利益の爲に設けられた制度でありますから當然の事です。皇室に對する犯罪、內亂罪、選擧に關する犯罪と謂ふ樣なものは陪審にかける事は絕對に出來ません。

陪審員の資格

次に陪審員になれる人は左の四條件を具へてゐなければなりません。

（一）日本臣民で廿歳以上の男子

（二）引き續き二年以上同じ市町村に住んでゐること

（三）引き續き二年以上直接國税三圓以上納めてゐる事、

これは貧富によつて差等を設けたのでありません。裁判所に出頭して仕事をするには可成時間もかゝり、又自分の仕事を犠牲にしなければなりませんから多少經濟上に餘裕がなければならないとの理由によるものであります。

（四）讀み書きの出來る事

讀み書きの出來るとは何を標準とするかに付き相當議論がありましたが司法省の意見では義務教育即ち小學六年卒業程度の學力を標準とされる事になりました。

陪審員になれぬ人

この四條件を備へてゐる人は誰でも陪審員になれる資格がありますが、禁治産者、狂人、破産して復權しない者、懲役の刑に處せられた前科者、六年以上の禁錮に處せられた者は陪審員になれません。

又職務其の他の理由でなれない人があります、夫は國務大臣、判事、檢事、陸海軍法務官、行政裁判所評定官、宮內官吏、現役の陸海軍々人、府縣長官、島司廳支廳長、警察官吏、監獄官吏、裁判所書記、收稅官吏、稅關官吏、專賣官吏、郵便、電信、電話、鐵道の現業に從事するもの、船員、市町村長、辯護士、辨理士、公證人、執達吏、代書人、小學校教員、神宮神職、僧侶、宗教師、醫師、藥劑師、學生、生徒等であります。

その他被害者や被告人の親族とか雇人とか又證人、鑑定人としてその事件に多少とも關係した人達は陪審員になれませぬ。六十歲以上の老人、各種の議員（會期中だけ）は陪審員を自ら辭する事が出來ます。

陪審員の選定

以上述べた資格ある人々の中から、陪審員はどうして選定されるかと申しますと、先づ市町村長は、毎年九月一日現在で陪審員資格名簿を作り、一週間一般に縦覽させてその正確を期します。一方地方裁判所長は翌年度の陪審事件が凡そ何件位、陪審員何人位と豫想をつけ各市町村に割當てゝ通知します。市町村長はこの資格者の中から抽籤によつて割當ての數丈を選び陪審員候補者名簿を作ります。そこで陪審事件があると地方裁判所長は各陪審員名簿から市町村の大小によつて一人又は數人の陪審員を抽籤して陪審員三十六名を選び裁判のある日に呼出します。この公判期日に廿四人以上揃へば陪審構成の手續きに入ります。

陪審構成の手續きは公開致しません。この手續きでは出頭した陪審員の中から十二人の陪審員を選びます。この選定方法に就て忌避と云ふ事が行はれます。忌避と云ふのは檢事や辯護人が事件の判斷をするに不適當だと思ふ人を排斥することであります。之れは裁判長が出頭した審審員の氏名票を抽籤函に入れて混ぜ合せた後、一票づゝ抽き出して讀み上げますと檢事や辯護人がいけない(忌避)とか、よろしいとか申すのであります。かうして忌避されなかつた陪審員の數が十二人になると裁判長が抽籤は終りましたと一同に告げます。

裁判上の手續

陪審員は病氣其の他やむをえぬ事情のない限り公判期日に出頭しなければなりません。呼出を受けた陪審員は事件について他人から請託を受けたり意見を聞いてはなりません。宣誓を拒んだり評議を終るまで他人と交通したり退廷する事も出來ないのであります。又評議の模樣を漏泄したり、出版物に掲載したりする事も許されて居りません。是れに違反した者は、罰金等で處罰されます。陪審員には旅費の外に制規の日當及止宿料を授ける事になつて居ます。

是れから愈々公判手續に入りますが、先づ陪審員が着席しますと裁判長は起立して宣誓書を朗讀し、陪審員に署名捺印させます。かうしてその職務を公平無私に行ふことを誓はせるのであります。それから證據調べや辯論があつて後、裁判長は陪審員に對して說示をします。

說示と云ふのは事件の說明でありまして、犯罪の成立について、どの點が法律上の問題となつて居るか、又どんな事實が問題となつて居るかと云ふ事を告げ、證據はこれ〳〵の物であると、詳しく說明します。終ると裁判所は問を簡單に書面に記して陪審員に渡し、犯罪構成事實の有無を、評議の上、答申する樣命じます。陪審員は評議室に退き、裁判長を選擧し、意見を戰はします。かうして犯罪事實を考究した揚句、過半數の一致を見た意見を答申書に記載して、裁判長に提出します。

こゝで注意したいのは陪審員の評議は、秘密會議である事です。勿論陪審員は評議室で被告に、同情の辯を振つて、居並ぶ陪審員の涙を、しぼらしむる事もありませう。又被告に罪ありと、堂々の議論をさるゝ方もあります。然し、評議員の言論は他に洩す事の出來ない事は前述の通りです。又答申書には、甲が乙を殺したか否かと云ふ問に對し理由をつけずに唯簡單に殺したとか、殺さないとか、いふ事を記載して答へる丈であります。

而して裁判所で事實を認めた時は如何なる法律を適用するか、といふ事になりますが、これは陪審と關係はありません。事實を認めない時は、裁判所は無罪を言渡します。然し陪審員の判斷が、不當だと思ふ時は、裁判所は事件を他の陪審にかける事が出來るのは前、説明した通りであります。陪審の答申を採用して言渡した判決に對しては、控訴は出來ませぬ。然し特別の理由ある時は、大審院へ上告する事が許されてあります。

陪審員の心掛け

事實の認定を誤れば裁判は公正を缺き、延いては國民の權利は保障されない事になります。故に事實の認定をなす陪審員の職責は、重大なるものと云はなければなりませぬ。裁判の公正を保つ爲には事件の眞相をよく捉へ、事實の認定を誤つてはなりません。

眞に陪審員は、その心胸に一點の私心を夾まず、曇りなき事、鏡の如く公平無私、正を正とし、邪を邪として明透なる判斷を下さねばなりませぬ。眼前の被告の哀れさに同情し、或は誤れる輿論に迎合したり、同僚の雄辯に、我を忘れて雷同したりする事は禁物で、自分の心に映じた儘を分析解剖判斷して、堂々所信を述べなければなりません。

諸外國の例を見ても、陪審員は兎角感情に支配され勝ちであります。殊に佛國の如きは其の弊害が甚しいと云はれてゐます。又陪審員は其の社會上の地位に從つて判斷を異にする場合がないとは申されません。例へば、自分の屬する階級の保護計り、考へる爲に、陪審員が多少財產家であると竊盜罪に付ては證據が不充分であるにも拘はらず有罪の判斷をなすと云ふ風な、傾向があります。又自分等と餘りに交涉を持たない事件は、證據十分であるにも拘はらず、無罪に判斷する傾向があります。

西曆一九一四年三月十六日フランスに、カイヨウ夫人事件と云つて、有名な事件が起りました。佛國一流の新聞フイガロ紙の主筆ガストン・カルメットと云ふ人が、其の政敵である、時の大藏大臣カイヨウ氏の地位を失墜せしめようとして何の證據もないのに盛んに紙上で攻擊しました。後には家庭內の事まで發かうとする陋劣な手段のある事がカイヨウ氏の耳に入つたからたまらない。氏は大變怒つて、彼を殺しても家庭の名譽を圖らねばならないと、夫人に打明けました。夫人は夫の心中を察し、夫に隠れてカルメットを其の新聞社に尋ね、主筆室に入るや否やブローニングピストルを持つて、彼を射殺したのであります。

以上の様に事實は寔に明白であります。にも拘はらず、陪審員評決は無罪を答申されました。勿論夫人の心事には同情すべき點がありますが、殺人の大罪を犯した事實はより以上に重じなければなりませぬ。それを忘れた陪審員は感情の爲に正義を忘れたのであります。

又西暦一九一一年三月獨逸伯林にクライン事件といふのがありました。クラインと云ふ人妻とネッペと云ふ婦人が同性愛に落ちた。二人は永久に變態的愛生活を送らん爲に共謀して良人クラインを毒殺しました。檢事はクラインを殺人、ネッペを殺人敎唆として訴追しました。所が此の事件の陪審員中に三名の婦人陪審員がありましたが、此の婦人陪審員等はクラインとネッペが斯く性愛におちたのは良人の虐待、男の横暴に基くと云ふ點にいたく同情し、この考へが、陪審員全部を支配した爲、餘りにも明白な此の殺人事件は無罪となり、クラインは單に傷害致死、ネッペは其の幇助としての罪を問はれる事に止りました。

斯の様に陪審員は感情に支配され易いものであります。然し是れは西洋の例であります。恐らく日本帝國の陪審はこんな醜態を演じない事と信じます。否陪審によつて國民として又國家としての地位が益々高められ文化の最高段階に到達するものと信じます。

我々は今此の陪審裁判と言ふ司法制度上に於る一大革命に直面して居るのでありますから官民一致此の制度の發達に力を致したいと思ひます。

（昭和三年三月）

陪審裁判の成績を視よ！
吾人は何を教へられたか？

甘粕事件に次ぐ人氣

昨年十月一日、陪審法が愈々我が國に實施され、何人も東京に於て最初の陪審裁判が行はれるものと豫想されてゐたが、當の東京には陪審に係る事件は殆どなく、偶々あつても被告人が病氣或は彼の理由を以て辭退したが爲、却つて地方が先を越して第一に大分地方裁判所で皮切りをやり、續いて水戸地方裁判所と云ふ風に裁判が開かれた。

されば東京の人々が、之が一日も早く開かれんことを渇望してゐたのも無理はない。この時、彼の山藤寒子の放火未遂事件が愈々陪審裁判に附せらるることになつた。

被告人寒子は妙齢の婦人であり、事件は疑問を生み、而かも帝都初の陪審裁判と云ふ處から、彌が上にも人氣を呼び、開廷當日は傍聽者が殺到して、午前六時頃には既に豫定人員を超過し、尙ほ續々と押寄せて來ると云ふ有樣又上段判事席の傍には、司法大臣、大審院長、檢事總長等の大官連、綺羅星の如く居並び、殆んど立錐の餘地もない盛況、而して其の緊張の度合は、私が二十年の辯護士生活中未だ嘗てこれ程高潮した公判にさう度々出遭つたことがない。

例の甘粕事件は背景に震災と云ふ大出來事を控へ、殺された者が大杉榮と云ふ大立物であり、加ふるに當時國民が殺氣立つて居た關係上、非常な緊張振りを示し、公判中と雖も傍聽者が思はず聲を發する程であつた。處が本事件はそれに次ぐの緊張した裁判であつた。

寒子事件の內容と經過

先づ參考の爲、本事件の內容を述べて見よう。山藤寒子（二十一歲）は相當敎養のある婦人で、夫を山藤卯一（二十三歲）と云ふ、昭和二年七月十日府下荏原郡馬込町淸水窪三五五三番地に二階建を家賃八十五圓で借入れ、夫婦が菓子の卸賣小賣業を開始したが、餘り思はしくなく、仕入先に約九百圓の負債を生じた。

その催促を苦にした寒子は家を燒いて、夫が宅の動產に附してゐる保險金を取り、借金を拂ひ生活の安易を得んと欲し、昭和三年三月十四日、放火に用ひる爲女中に揮發油を買はせ、翌十五日午前二時頃新聞紙に注ぎ、燐寸を以て火を放つた。忽ち赤い火焰の上るのを見た寒子は非常に恐愕し、夫を搖り起し、二人で水を掛けて消し止めたが爲、幸ひ襖二枚を燒いたゞけで濟んだ。

これが公訴事實で、この理由を以て檢事が起訴し、豫審で調べたが證據不充分の故を以て、遂に免訴の決定を與へられた處、之に對し檢事が抗告し、事件は控訴院に廻り、刑事第三部に於て取調の結果有罪と決定された。

私がこの事件の辯護を依賴されたのは、昨年の四月上旬である。その時寒子の伯父の言ふには、「寒子夫婦の間は至つて睦じく、商賣上に於ては相當の利益があり、左程困るやうな狀況ではない。又寒子は洵に穩かな女で、性格から考へても放火するやうな大それたことは出來ない。次に火事のあつた日、夫が反對するに拘らず寒子は自ら進んで駐在所に屆出た。この事實から見ても寒子がやつたとは思へぬ」と云ふ話。

依つて、私は代りの辯護士をして刑務所に留置されてゐる彼女に面會にやつた處、既に接見禁止になつて居た。そこで私は先の伯父の話とこの接見禁止とを照し合せて、これは一大疑獄事件だと直覺した。

やがて東京控訴院に於て事件を東京地方裁判所の公判に附することに決定し、玆に愈々東京に於ける陪審最初の檜舞臺に上ることになつた。

私の方でも充分な調査をなし、辯護に就ても相當苦心した。辯護士は上原鹿造、坂田豐喜、兩君と私の三人が當り、證據調べ等には坂田君と私が主として擔任することになつて、愈々玆に論戰の陣容を整へた。

斯くて十一月二十二日公判準備手續があり、各證人の申立をなし、結局二十七名が許可され、同月二十九日判檢事、辯護士が一緒に現場を檢證し、愈々十二月十七日公判が開廷された。當日は陪審候補者が三十六名（內缺席者三名）喚出され、中より十二人の陪審員及び補充陪審員二名が決定された。初め裁判所では公判を三日間で切り上げる豫定の處、證人調べ其他を行つて見ると仲々時間を要し、遂に五日間に亙り結局、證據不充分の故を以て無罪の判決が下り、漸く終結を見た。

今迄の裁判との比較

從來の刑事裁判に於ける公判廷は、舊幕時代の因襲に捉はれ、糺問所の如く重々しい、溫味のない感じが强かつた。然るに今度の陪審判廷は全然さうした空氣は無く、無限の溫情が漂うて居るばかりではなく、一段の嚴肅さを憶えた。

先づ辯護士の座席にしても、從來は法廷の土間に設けられてあつたのが、今度は檢事席と同じ高さを占め、それに對して十二人の陪審員席が並んで居る。被告人の出入も今迄は廊下からであつたが、今度は地下室から上つて來ると云ふ譯で、何となくそこに溫味がある。又判事が法廷に出入する場合は、滿場悉く直立不動の姿勢になつて默禮する。その嚴肅さは從來の法廷では決して見られない處であつて、眞に陪審法廷は正義の殿堂であることを痛感させられた。

陪審裁判は從來の裁判に比べて、判事、檢事及び辯護士は共に非常な努力を要する。朝の正十時から夜の六時、七時迄も打續けて審理が繼續され、その間僅かに晝食一時間の休憩をするのみで、一つの陪審事件に對する勞力は、從來の五件乃至七件以上を引受けたのと同じ努力を要する。

嘗て私達が行つた陪審の模擬裁判に比べて非常な相違を發見した。その眞劍味は當事者でなければとても想像だに出來ない。公判に現はれた不利益の點は不利益の點として直に陪審員の頭に反映し、利益點は利益點として直に打込まれる。我々が辯論する時も、公判に現はれた利益不利益を採つて辯護するだけで、それ以外には材料を採ることが出來ないので、一言も聞遁すまいと寸分の油斷もない。宛かも昔の御前試合に於ける眞劍勝負を朝から晩まで續けて居るのと同樣で、此方に隙があれば直ぐ突込まれ、先方に隙があれば此方が打込んで行くと云ふ譯、從つて中座は勿論便所に行くのも成べく耐へ、止むを得ない時は廊下を飛んで行くと云ふ有様である。

斯の如き緊張振であるから、私達の疲勞も一通りではなく、今後の陪審法廷に立つ辯護人も餘程健康な身體の持主でなければならぬと思ふ。

又判事は多數の證人を出頭させることに先づ頭を使ひ、從來の質問は自分達のみ分ればそれで滿足であつたが、今度は素人の陪審員に迄諒察するやうに質問しなければならぬ關係上、非常に骨が折れ、且つ陪審裁判で一番六ケ敷い說示に就ても、事件の梗概を述べ之に對して如何に考へるかを說明するためには、人に依つて異るが約四十分乃至一時間を要する。その苦心は仲々容易なものではない。

次に檢事は今までだと、唯記錄に依つて證據充分であるが故、懲役何年と求刑すればそれで濟む。處が今度は辯護士以上に骨が折れる。本事件に就ても、地方裁判所切つての腕利き北條檢事を拔擢して之に擔任させ、北條檢事は三度も起つて熱列且つ峻烈な辯論を試みた程である。

外國の陪審裁判に於ける例を見ても、檢事が非常に奮鬪する。嘗て原敬氏が、

「外國の裁判を見ると檢事に眞劍味がある。處が日本の檢事はそれが足りないのは面白くない」と

言はれた。之が氏が陪審制度を實施せんとした一つの動機である。

陪審制度の利益

陪審裁判になると短時日の中に事件が片附く。今迄の裁判は第一回の公判より次の公判迄、約一ケ月もかゝるのが常である。殊に大事件になると三回も四回も公判が續く爲、三ケ月も費す事がある。處が今度は陪審が始ると三日か五日、長くて七日位で終決する。佛蘭西のカイヨー夫人事件は五日以上も掛つたと聞くが、將來日本にも斯く如き大事件が勃發しないとも限らないが、引續いて五日以上であるから實に簡單で濟む。之は被告人の爲に非常に利益である。

次に陪審の結果は「疑はしき者を罰せず」と云ふ昔の尊い格言が實行されることになると思ふ。そこが陪審裁判の一大福音である。從來は疑はしき者も、五分々々の事件も罰せられ、裁判官は「人を見れば泥棒と思へ」と云ふ式で、時には或は被告人を惡い者と見る嫌がないとは云へないが、陪審員にはその頭がなく、又五分々々の事件なれば「本當の事は神樣でなければ分らぬから、人を無闇に罰する譯に行かぬ」と云ふ同情心から餘程緩和され、將來は必らず無罪が殖えるものと私は豫測する。

今日迄の司法省發表の統計に依ると、全國で實施された陪審裁判が二十六件、その中四件の無罪が出た。從來は百件に一件か二百件に一件あるかないか位であつた。嘗て陪審法を施行せんとした時、「陪審法の缺點は何か」と原敬氏に尋ねられた鵜澤博士は「どうも無罪が殖えるでせう」と答へた。すると原氏は言下に「無罪の殖える缺點ならば結構ぢやないか」と言つて陪審制定に就き力瘤を入れたと云ふ。

今後改善すべき點

先般實施された陪審裁判に就て言へば、先づ判事が法廷に出た際、拍子木を打つが、これは如何にも芝居じみた感がする。何とか今後改良さるべきものであらう。

次に新聞記者席が普通の傍聽席に四五脚しか机がないが、これも今少し中に入れ、もつと優待してやらなければならぬ。英國の如きは一番高い場所に陣取らせて非常に優遇してゐる。

以上は外形上のことであるが、一方司法警察官、所謂巡査等が公平に事務を執る必要が益々生じて來た。何となれば此の陪審裁判は凡ゆる證人を呼出す。從つて之を搜査した巡査、刑事、司法主任等は必らず公判で呼出されるものと見ねばならぬ。これ等の捜査官が今迄の裁判では、少々不條理の供述をしても大した問題にもならなかつた。處が今度は相手が裁判官と云ふよりも陪審員であるから、拙劣な非常識なことを言へば陪審員が質問する。答辯が出來なければ猶更、出來ても信用されぬ。而かも飽く迄答辯は公平でなければならぬ。

例へば本事件に於ても一陪審員の「マッチ箱から指紋を取つたか」の質問に「マッチ箱からは指紋は取れない」と警官が答へた。する質問する程の人は仲々科學的知識もある。「取れぬ譯はない」と追及して、警官の證言に切込んだ例もある。

又刑事巡査が證人として立つた時、被告の有利な點を等閑視してゐてはならぬ。

例へば今度の事件に於て、最初路地の所から火を放けに來た犯人があらうとの嫌疑があつた。路地にある開き戸の鍵のある附近が破損してゐた。之は被告人夫婦は勿論、當時の雇人も巡査を認めてゐた。然るに司法主任が證言の時、それを發見しなかつたと答へた。マッチの擦り軸が灰の中に這入つて居たのを探索した程微細に調證したに拘らず、この事件に對し重大な關係のある證據に注意しない筈がない。そこで辯護人は皮肉交りに「あなたは被告の有罪證據に就ては餘す所なく調べてゐるが、被告の有利點は少しも注意なさらないとはどう云ふ譯か」と訊ねたのに對し、司法主任は「私達は辯護士とは立場が違ふ」と答へた。更に辯護人は「如何に立場が違つても被告に有利な穴をあなた丈が氣が附かぬとは片手落ではないか」と切込んだ。

されば捜査も供述も合理的且つ公平にやつて行かなければならぬ。或は之に依つて從來行はれてゐた警視廳の捜査方針も、全然改正されることゝ思ふ。

次に檢事、辯護人の辯論であるが、勿論事件そのものにも依るが、數年前迄は長時間に亙るのを以つて可とされてゐた。或る先輩辯護士の如きは、一事件に二十時間餘も費したことがある。最近は大いに改良されたが、それでも三時間四時間は平氣でやる。これが陪審裁判になると決して長くやれない。長い辯論は專門家が傍聽して居ても初めの方を忘れてしまひ勝である、況んや百姓や商人である陪審員にとつては堪らない。これは檢事も同樣で、簡潔にして急所を突く要點のみを論じ、陪審員にもよく分るやうにすることが必要である。

外國の陪審裁判に於ける辯論は短時間に終り、二時間以上を費すのは餘程の事件でなければならない。又彼等の敎ふる辯論の要領は、最初聽者の注意を惹き、次に誰が聽いても成程と合點するやうに有利な點を二三並べ、後はやゝ詳しくそれを普遍して論ずる。之が祕決であると云ふが、我が國に於ても參考とすべきである。

裁判長が陪審員になす說示は、陪審法に於ける病的癌とも云ふべきもので、種々問題を釀すことがある。老練にして且つ公平な裁判長のなす說示は申分なきものであるが、若しも法律上異法である場合は、後では上告の申立が出來るが、その場では辯護士、被告は絕對に抗議が申込めない事になつてゐる。故に判事に於ては被告に對して不利益があるや否やを確かめるため、說示は速記を用ふるやうにしたいと思ふ。

次に問書と稱して、裁判長が陪審員に對して事件を說示した後、問を簡單に口頭で話し書面に記して、犯罪構成事實の有無を評議の上答申するやうに命じる。是れ迄の陪審裁判の實例によれば一列一體にその問書が漢文句調で書かれてあるが、どの陪審員にもよく分るやうに、平易に書き改める必要がある。法律的字句のみよりなる堅苦しい文句では學問のない者には何を一體質問されてゐるか判斷に苦しむ場合がある。今度も要點が不明のため、問書に就いて紛紜があつた程である。

陪審裁判になつて初めて辯護士の手腕が認められる。手腕のある人と無い人では結果に於て非常な相違を生じる。從來は判事が重に聽く辯護士の辯論は餘り採用されなかつた。一旦判事が有罪と決めるや、如何にその辯論が巧妙であつても大した效能はなかつた。處が陪審裁判では多數の證人が公判廷に出頭して一々調べられる。辯護人は利益の點を直に採つて消化し己が血液となし、不利益は排除するだけの手腕が肝要である。故に今後辯護士は民事と刑事との各々分野が益々明かになる事であらうと思ふ。

陪審員としての注意

陪審員は公平無私、常に明鏡の如き心を持つて事件に臨む事は勿論、多數の證人の中、果してそれが眞實の證言か否かを判斷するが最も必要である。それを如何にして鑑別するかは各自の常識、知識、經驗等から割出すのであるが、今日迄裁判事件に携つて來た私達の經驗に徵して、證人の法廷に於ける態度、動作を見れば一應の事は分る。しかし之のみにて判斷するは往々危險を生ずる恐れがある事は言を俟たない。

即ち證人が判事の質問を受ける時、始終下を向いて顏を上げ得ない者は嘘を言ふ場合が多い。從つてその證言は絕對に信用出來ないが如きである。

第二に陪審員は證人のなす供述の要點を心覺えに筆記する必要がある。今度の陪審員の中でも始終書いて居た人があつたが、一から十まで書く事は容易なことでないから、要點だけでも鉛筆で紙に書取つて置くといゝと思ふ。

第三は、苟も取調の上に疑問の點があれば、判事が質問を許すのを待つて大いに信疑を正すべきである。

人を罰するか否かの重大な責任を負せられた者が、いゝ加減な判斷をする事は非常な不道徳である。故に疑問の點は少しも遠慮なく質問して、充分腹に落ちるやうになし、公平な判斷を誤らない事である。

尙法廷にあつて餘り緊張し過ぎ、眉毛一つ動かさず堅くなつて物も言ひ得ないやうでは却つて困る。多少の餘裕を以て公平に判斷する事に注意すべきである。

概して今度の陪審員諸君の態度は洵に見上げたもので、今の儘に進むならば、恐らく世界に誇るべき陪審員としての效果を齎らすであらう。

（昭和四年三月）

甘粕事件の眞相

一

大正十二年九月の關東大震火災の時、四谷永住町の私の家は、後方の崖が崩れて離家が破損した以外、火災にも遭はず、家族に怪我人も出さず洵に幸運を喜んだが、震災直後友人に罹災者あり、また私は町會長を勤めてゐたので、自警團にも關係して可成多忙の身であつた。

すると、九月二十三日の頃、突然、陸軍第一師團司令部の法官部から、鳥渡來て呉れといふ手紙が來た。

「何事であらう?」

取る物も取敢へず出頭して見ると、東京憲兵隊分隊長憲兵大尉甘粕正彦が、曹長森慶治郎と共に、社會主義者大杉榮、その妻伊藤野枝及び大杉の甥橘宗一（七歳）の三人を殺害した事件について、甘粕の官選辯護人を擔當せよといふのであつた。

「承知しました。」

私は引受けて戻つて來た。

其時の官選辯護人としては、花井卓藏博士と私とであつたが、花井博士は錦町の家を燒かれ、身を以て遁れたやうな狀態であつたので、事件を引受ける餘裕がないので、花井博士に緣故ある奧田義人氏の倅で奧田剛郞氏が選定された。ところが奧田氏も當時一年志願の豫備で、軍隊に召集されて不在、殊に隊から歸ると橫濱地方裁判所の檢事として赴任する事に決定し、その發表が二三日內の官報に出る事になつてゐたから、これも辯護には立てない。遂に三度變更されて、甲府の檢事をやつた辯護士糸山氏と私とが決定され、私が主任となつてやる事になつたのであつた。

二

當時一般の輿論としては、大杉夫妻を殺した事は認めてゐたし、辯護の理由も充分立つが、僅か七歲の少年橘宗一を絞殺した事は如何にも無慈悲慘酷で、辯護の餘地がない、世間の非難もこゝにあつた。

然るに、私が豫審調書を讀んで見ると、甘粕大尉が大杉夫妻を殺した顚末は明瞭に陳述してゐたが、宗一少年を殺した點は非常に曖昧で、

「子供は淀橋警察署から自動車で、麹町憲兵隊に來る途中から私に馴染み、分隊に來てからも附纒ふので、誰か引取つて養育してやる者はないかと冗談のやうにいつた位で、伊藤野枝を絞殺する前に私の許に來ましたから、隊長室の隣りの部屋に入れて戸を閉め、ちよつと待つて呉れといひおいたので、子供はそれを聞くと隣室で騒いでゐたから、伊藤野枝を絞殺すると直ちに隣室に行き手で咽喉をしめて倒し……」

とあり、無意識に殺したと陳述してゐる。そこに私は先づ疑問を挾んだのである。

すると大尉の母君が訪ねて來て、種々甘粕氏の人格に就いて話す中に、子供を可愛がつた事實を詳細に物語つた。大尉自身の陳述にもある、宗一が自動車中から馴染んだ事實などから想像すると、大杉夫妻は國家のため殺しても、宗一は果して甘粕自身が殺したか何うか、甘粕自身の陳述に基いて俄かに斷定の出來ぬものがあつた。

そこで私は三つの場合を想像した。即ち、甘粕自身宗一を殺したか、甘粕が部下に命じて殺させ

たか、又、甘粕は何も知らず部下が獨斷で殺したか、この三つで、私はその最後の場合ではないかと推論した。子煩惱な甘粕氏の性格から何うもその推論が正當のやうに思はれた。

「若しさうであるとすれば、罪を一身に背負つて立つてゐる甘粕の武士的心情は壯とするも、世の非難から救つてやらねばならない。」

私等辯護人は協議の上、極力この眞相を追求する決心で公判に臨んだ。

三

十月四日午前九時から、第一師團軍法會議室で、その第一回公判は開かれた。判士長は步兵第一聯隊長岩倉正雄大佐、法務官小川關次郎、被告席には憲兵大尉の正服の儘の甘粕と共犯森とが、ハツキリと落着き拂つた軍人らしい言葉と態度で、一々訊問に答へた。

小川法務官の訊問が進んで、宗一殺しの點に到ると、甘粕氏は矢張豫審調書同樣、無意識で殺したと答へてゐるが、その答辯が曖昧で、大杉夫妻殺害の明瞭な陳述とは別人の如き感さへ抱かせるものがあつた。

「子供は、確かに甘粕が殺したものではない」

私の信念は、こゝに至つて益々堅くなつた。

午後三時過ぎ、一通り訊問が終つた刹那、私は甘粕氏に對していつた。

「私はあなたの母上の代理人として賴まれて來ました。私のいふことはあなたの母上の言葉である。眞實子供を殺したのなら仕方がないが、若し殺さなかつたのなら、何うかさういつて下さい。あなたが宗一に菓子を與へたり、大杉に代つて養育する人を心配した人情深い點から推して、あなたが、東西も知らぬ幼兒を殺して帝國陸軍に汚點を印するものとは何うしても思はれない。裁判は天皇の名によつて開かれてゐる。あなたは天皇に向つて虛僞をいふことは出來ない筈だ。あなたが部下を庇はうとする苦衷は充分察しますが、小義のために大義を滅してはなりませぬ、眞實を申述べて下さい。」

この言葉に、今迄沈着な態度を保つてゐた甘粕大尉は遂に熱淚滂沱として下り、ハンケチを出して兩眼を押へた。

「氣を落ちつけて、よう〳〵氣を落ちつけて……」

山田法務官から幾度か注意を促して確答を迫つたが、甘粕大尉は石地藏の如く立つて、遂に一語も發し得ない。そこで私等は、甘粕大尉に返事を熟慮さすべく十分間の休憩を要求して容れられた。

休憩後、大尉果して何と答へるか、法廷はいやが上に緊張して待つ。と、大尉は徐ろに答へた。

「私は母も家も捨てゝ居ります。私は家の事母の事を思ひ陳述を變へたくはありません。併し、帝國軍人の名譽を思ふと……」

こゝに至つて甘粕大尉の聲は、おろ〳〵となつて來た。

「——大杉と野枝とを殺したのは私でありますが、子供を殺したのは私ではありません。私はその子供の殺された顔も、菰に包んだのも見ませんでした。……私は大杉と野枝を殺すには根據がありましたが、子供を殺すことは思ひもしませんでした。」

斷然いひ放つや、感に堪へない樣子に見受けられた。

豫審はこゝで覆へされた。宗一少年殺害の眞犯人は他にあつたのだ。犯人は誰か? 甘粕大尉は知らぬといひ放つたので、事件は迷宮に入つた、捜索のやり直しと公判中止を私等辯護人一同は申請し主張したのであつた。

四

こゝまでは私の思ひ通りになつた。甘粕大尉の面目も立てゝやつた、眞理を追求する辯護人としての任務も果したので、大いに悦ばしい事であつた。

陸軍省から宗一殺しの眞犯人再調査の命令が出て、軍法會議は鴨志田、平井、本多の三上等兵の檢束となり、遂に、翌々日、鴨志田上等兵は自分が下手人であると自首するに至つた。續いて平井、本多兩上等兵も共犯として自首して出た。

そして新聞の報道に依ると、宗一少年は九月十六日の夜は東京憲兵隊樓上、伊藤野枝が入れられた隣室の一隅で遊んでゐた。午后九時頃、甘粕大尉は半紙に菓子を包んで持つて行つてやると、宗一は馴れ〳〵しく、「お星さまは幾つあるの？　綺麗でせう？」といつた、子供好きの大尉は頭を撫で、無邪氣な話をし、「おとなしく遊んでおいで。」と隣室へ入つた
野枝が殺される聲を聞いた宗一が、隣室へ行かうとする時廊下で見張りをしてゐた鴨志田、本田兩上等兵が制しようとしたが、野枝の身に危害の加はつてゐるのをまざ〳〵と見た宗一は、容易に靜まらない。鴨志田は、「生かして置けばこの少年から犯跡がつく」と思ひ突嗟に殺意を生じたと傳へられてゐた。

ところが豫審の結果は、三上等兵共、甘粕大尉の命令で宗一を殺したと陳述してゐる。甘粕大尉の陳述と大いに相違してゐる。で、私は困つた。若し大尉が命令したとなると、大尉を救つて下手

人の下士を罰する事は、軍隊の命令關係に重大な影響を及ぼす事になる。或在郷軍人などは、三上等兵を救へと奮起して來た。が、私としては甘粕氏の人格を信じて現に命令しなかつたのが眞實であると、それを主張する方針でゐると、三上等兵の辯護人が、私を攻擊して來ると云ふ仕末であつた。

一方社會主義者からは、甘粕を減刑させたら承知せぬぞ！　と脅迫狀が頻々として舞ひ込み、門前には主義者らしい見張さへついてゐた。私は勿論、社會主義者から恨をうけて、殺されるのは、職に斃れるのであるから意としないが、八方板挾みの難局に立つたのには閉口してしまつた。

五

第二回の公判は十一月十六日に開かれた。先づ甘粕大尉の訊問から開始されたが、甘粕は從前通り大杉及び野枝は自分が手を下して殺したが、子供の殺されたのは知らない、死體も見なかつたと答辯した。

それに對して、森曹長以下三被告は、上官の命令で殺したと主張してゐる。

逐に、告森法務官から、

「甘粕、お前はどうか、森のいふ事に相違ないか？」

と訊問された時、甘粕氏は決心の色を現して答へた。

「双方のいひ分が違つて居れば、どちらかの思ひ違ひでせう。森が命令されたといへば、さうかも知れません。」

「では、前の申立ては違つてゐるのか。」

「私は軍人であります。宗一殺しを命じたと思ひます、命じなければならないと思ひます。」

「他人の言は何うでもよい、被告の記憶はどうか。」

「命じました。」遂に甘粕氏は命令したと斷然云ひ放つてしまつた。

然し、判決は十二月八日いひ渡されたが其結果は宗一殺害に付ては甘粕氏は關係なきものと認定された。

かくて、世間を聳動させた甘粕事件の幕は閉ぢた。

六

獄中の甘粕大尉から私の處へ、こんな手紙が來てゐる。

「獄中から謹んで御禮申上げます。今回の件に關し、先生が二ケ月に亙り、他を棄てゝ小生の事にのみ專念せられし御厚志御努力は愚弟、望月氏、渡邊、横山其他の諸氏から承りまして、たゞく有難く存じて居ります。かゝる單純な事件にかくの如く眞摯に大なる努力を拂はれたる辯護はないだらうと存じ、私は衷心より本懷といたします。（中略）

本回の事件は單純でありましたが、正しい土臺の上にないため、甚だ辯護し惡くゝ感ぜられた事と存じます。殊に私が豫審に於て述べ先生に眞なりと申上げたことも、法廷に於て下級者のために主張せず、而も先生の辯論途中に於て、武士の心情を解せざる辯護人の問にあひ、私が先生の論旨に反するが如き（而も事實にあらざる）答辯をなせし等は、先生に大なる不快不滿の感を懷かしめ、辯論を困難にしたことゝ存じ、甚だ申譯ないと思ふところであります。先生の御不滿は、私によくわかります。本人たる私としても、事實を曲げ自己に不利な樣に申立てなければならなかつたことは人間として實に名狀することの出來ない不快を感ずるところであります。

然し先生に察していたゞきたいのは、軍人として私の苦しい立場であります。誰しも人間としては少しでも自己に利益あらしめんとし、一寸でも已れの苦痛を免れんと計るものです。（中略）然るにこの陷り易い人間の性情に反して、承知の上で、自己を不利なるやうに陳述し、今日十年の苦役を甘受せざるべからざりし私の苦惱の胸中をも少しく御了察下さいまして、凡てを宥していたゞきたいのであります。

既に先生の眞情に感じた以上、裁判の成行きの如きは問題ではありませんが、私が心中に大なる憤りを發しつゝも法廷に於て、軍人一般の體面上事實を曲げて森の言を肯定せざるを得ざりし宗一殺害の眞相の一部分が、判決にて於認められしは豫期しなかつたところで、これは全く先生が苦しい立場に於て他の辯護人と爭ひつゝもせられし所論の賜であると存じます。この點は刑期の五六年位に換へられざる根本的の獲物と考へ、深く御禮申上げます。(中略)

私は死を決して居りましたが、先輩方の戒めにより、一時恥と心中の大なる苦痛とを忍び、他日の報効を期することにいたしましたから、他日に於て、先生の御厚志に報いたいと思ひます。

(以下略)

大正十二年十二月十一日獄中にて

正　彦

塚崎先生侍史」

こんな手紙であつた。事實宗一殺には全然關係なきも部下を救ふ一念から命令を下したと云ひ張つた甘粕氏のあの嚴然たる古武士的態度に對しては今日、之れを追想するだに襟を正さずにはゐられない私は當時を回顧して、實に感慨深いものがあるのである。

（昭和四年四月）

政治的暗殺行為と刑法

一　政治的暗殺行爲と刑法

殺人行爲が、いかなる動機から行はれやうとも、從つて政治的動機による暗殺行爲であつても、刑法上の問題とすれば、云ふまでもなく現行法第二編第二十六章の問題である。即ち第百九十九條「人ヲ殺シタル者ハ死刑又ハ無期若クハ三年以上ノ懲役ニ處ス」といふ條文によつて處斷されることになるのは云ふまでもない。

たゞ問題となるのは、井上前藏相暗殺犯人に對し、刑の量定を如何なる程度に爲すべきかである。新聞の報道によれば、檢察當局は、嚴罰主義をとることに決定したと云はれてゐる。最近に於ても原、濱ロ兩首相の遭難、山本宣治の刺殺事件、この度の井上氏の不幸といふ風につゞけざまに政治的原因動機からの殺人行爲が濫行せられるに至つては、社會人心に法の威力を示し、後人を戒しめ今後にかくの如き不祥事を絶滅せしむる意味に於て犯人を嚴罰する必要があるとせられるも決して故なしとしない。刑事政策上の見地から、かくの如く考へられることは、誰れが何んと云はうと、理論上何うであらうと、自然の成り行きである。社會人の感情も大方はこの感情、考へ方を是認するであらう。

しかし、實際上、たゞ一時の感情に走つて、一途に憎しみをもつて犯人を處斷するといふことは、必らずしもそれによつて、豫期した效果を收めうるや否やは、過去の經驗によつて見れば大いに考へなければならぬ幾多の事例がある。いまそれ等の事例を述べてゐることは出來ないが、反動といふことも考慮しなければならぬと思ふ。勿論、政治的暗殺行爲が頻發するといふことは、社會人心をして逼迫感を强め、一層不安定なる心理情態に導くことあるは云ふまでもなく、眞に力あり識見ある政治家をしてその本領を國家社會の爲めに致し、わが國政治理想に精進する勇氣と信念の遂行とを弱めしむる等々を考へるならば、私の私心は强く嚴罰主義に味方することを禁じ得ない。

だが、犯人の情狀も一應考慮して見なければならぬであらう。私は、犯人が如何なる者であり、如何なる動機からこの犯行を敢てしたかについては、たゞ新聞の報導する所より外に何等の資料理

解も持たぬ。新聞の報ずる所によれば、

(イ) 犯人は二十二歳の青年である。

(ロ) 犯人は政治的にも社會的にも知識的に極めて低級である。

(ハ) 犯人は、激情家であり、變質的奇行の持主である。

(ニ) 一定の職業なく、浪人的生活をしてゐた。

(ホ) 從來右翼的團體に關係してゐたことがある。

(ヘ) 肋膜を病み身體病弱である。

(ト) 小學校だけしか教育を受けてゐない。

等々が傳へられてゐる。これ等は刑の量定上、何れも犯人の爲めに利益となるものであつて、決して不利益となるものではない。

又、犯人は、その動機として「今日の不景氣は井上前藏相の緊縮政策の然らしめたものである。だから國家財政の窮迫を改め、國民をこの不況から救出する爲めには何うしても井上氏を仆す必要がある」といふ考へからだと自白してゐるさうである。犯人が、果してこの信念の上に立つてあの兇行を演じたのだとすれば、たとひそれが無知故の誤れる信念であるとしても、誠に無分別なる信念であるとしても、窮民の爲めにといふ信念があつたとするならば、その情状眞に同情すべきであり、これも亦犯人の爲めに決して不利益な事項ではない。人は彼れが、賣名の爲めに、或は同時に病弱の長からぬであらう命の自棄から兇行を演じたのだと噂し合つてゐるが、その眞僞は不明であるが當局の調査としてそれと思はるゝ如き事項は未だ新聞も何等傳へてゐない。又この種の政治的兇行犯人の受刑生活態度は、大方受刑者の範たるを常とする。とやかく考慮するとき、私は「その兇行や實に憎むべき怖るべきである、だがその情や憫れむべきである」といふ言葉をくり返さゞるを得ない。

だと云つて、私は斷じてこの種の犯行を是認しやうなどゝいふ考へは毛頭ない。立憲法治國に於て、かくの如き兇行を國民の中に出したといふことは國民の文化段階の低劣さを暴露したるものとして、國民としても文化人として誠に恥づべきことだと考へる。事件突發直後、警護の不足を難じたる者あるやに傳へられるが、しかし警察力の如きは限りあるものであつて、國民自らが、覺醒することが先決問題だと思ふ。

二　犯行と背景

この度の事件が傳へられるや、誰れしもその犯行の背景に對して想像を逞しうしたであらう。井上氏が前官の體遇なきにもせよ、その社會的聲價に於て、裕に民政黨を代表し民政黨の有力なる指導者としての人物であり、現に民政黨選擧長の重責にあつたのであるから、兇行の原因を、まづ一應は政爭の波及とも考へられたであらう。或は亦思想團體の活躍とも考へたであらう。しかし、目下の所、犯人はそれ等を背景としたものではなく、全然單獨行爲であるとしか傳へられてゐないし、私どもとしてはそれより外に知る由もない。

この種の如き犯人への指導敎唆があつたにせよ、無いにせよ、犯人をして何がさうさせたかといふことは、もつと社會的に原因を求める必要がないであらうか。

今や不況、生活苦の聲は何處にも聞かれぬ所はない。その原因が何んであらうと、とも角も飢ゑてゐる人々が決して少くはない。犯人も浪々生活をしてゐたといふのであるから、それ等の事象は具體的に痛感してゐたことであらう。これ等の情勢につけこんで、左翼思想團體が執拗に社會缺陷を誇大に主張し、不穩文書を街頭に撒布する。と云つて目下の所失業者は續出し、それ等に對して光明ある意見も施設も見出されない。全く望なきものにとつては不安この上もない情勢である。政界は政界で國民の信任を失はんとし、國民は何處に救ひを求むべきかに迷ふといふ有様である。それやこれや、何から何まで絶望の世界であり暗黒の社會であり、と云つて何んとも致し方がないといふ見方をすれば出來ないこともない情勢が續いて來た。それが爲めに社會人心は不安と焦燥と、それは進んで自棄的心境にまで陷る者も少くなかつたであらうほどである。さうした情勢の中に、幸か不幸か滿蒙問題の勃發をきつかけに、日本傳來の愛國氣分が急激に高潮し、ファショ的運動すら盛んとなり、國家の爲めに、報國盡忠といふ精神が澎湃として國民の眼前に立ち塞がつた。封建的色彩の濃厚な個人主義的英雄主義が再び國民の間に活動し出した。若人の血は躍る、恰もよし井上さんは「國賊」の名をもつて呼ばれた。こうした社會の客觀的情勢が、自棄的な、病弱な、無思慮な、激情的な犯人をして急激に兇行を演ぜしむる決意を爲さしめたのではなからうか。私は何うもそんな風に考へられてならないのである。

三　餘　談

物知り顔で、なんとも申しわけない次第であるが、かつて星亭が、伊庭想太郎によつて刺されるや、「所謂一國如狂もの耶、何ぞ我邦人の輕浮にして沈重の態に乏しき耶、生ける星は追剝盜賊にして、死せる星は偉人傑士なり、是非毀譽の常無き一に此に至る」と喝破したのは當代の傑人中江兆民である。今にしてもなほわれわれはこの言に打たるゝ所多きを覺ゆる。又云ふ、「暗殺は其是非を論ずべきに非ずして、唯國家社會に於て果して暗殺の必要を生じたること、是れ甚だ哀しむ可き也、人或は勢に乘じて鴟張して忌憚する所無し、其惡を恣にすること明かなるも法律の公に未だ把捉す可らず、彼や自ら恃みて毫も顧みず、是に於て義に激するの俠雄の徒起ちて天下の爲に之を刺す、是れ洵に勢已むを得ざる也(中略)……文運大いに開け法律用無くして、道德獨行力を逞しくして、乃ち一國人々皆君子なる曉は知らず、苟も社會の制裁力微弱なる時代に在つては惡を懲らし禍を除くに於て暗殺蓋し必要缺く可らずと云ふ可き耶」と。蓋し、兆民は當時政界の無軌道的横暴に痛憤したるものであつて、今日の如く政黨政治——民意政治——の形式確立し、法治國の實いよいよ擧らんとしてゐる場合にはこの論の否定せらるべきは勿論であるが、しかしなほ今日の政界に對して頂門の一針たるを失はない。又「暗殺其事の善か惡か是れ云ふ迄もなし、刑法人を殺す猶ほ大いに議すべきありて、死刑の廢するの論各國に行はるゝ所以なり況や人々相殺すに於てをや」と斷じてゐる。

私は、兆民の云ふ所の全部に贊成するものではないが、しかしわれわれの反省の材料刺戟として過去四十ケ年の昔にこれを求めうるといふことはむしろ喜ぶべきであり、だが、國民がこの卓見を何等顧慮する所なくして、今にしてもなほ一票の賣買が公然の秘密として行はれ、選擧費用制限規定を殆んど公然と蹂躙し、それ故に政界に暗影を投じつゝあることを國民がなほ今日に眺めなければならぬといふことは確かに國民自身の責任である。この過を將來再びすることなからしむる爲めに、國民は奮覺大いに努め、政治的知識の高度化を計り、立憲法治國の本領を充分に發揮する覺悟が必要であると思ふ。(談)

死刑が無罪になつた
原宿パス商殺しの眞相

奇怪の大事件

殘暑とはいへまだ暑さの嚴しい昭和六年八月二十七日の眞夜中の出來事です。その頃はまだ東京市外であつたが原宿一丁目八十六番地、鐵道乘車券立替販賣業の「丸菱商會」主後藤忠弘（當時五十四歳）が、無殘にも兇器を持つて何者にか殺害されたのです。

一つ蚊帳の中に寢てゐた妻もと（當時五十七歳）の申立によれば、夜中、恐ろしい呻き聲がするので、ハツと眼を覺し起き上つて見ると、夫が苦しさうな呻き聲を出し、半死半生の大怪我をしてゐるので、吃驚して、大聲を出し家內の者達を呼び起し、大騷動になつたのです。そしてこの時忠弘は碌に口も利けず、只一言「頭が痛いから伊澤先生を呼べ」と言つただけだといふのです。

さて、後藤の家庭の內情はどうであるかといふと、妻もと（當五十七歲）と、店の支配人格であつて、夫の遠緣先に當る長谷川繁（當三十七歲）との間は、大正十一年の九月頃から情交關係があつて、今度の兇行當時まで繼續されて居つたのです。

それから主人の忠弘ともととの間には、現在二人の息子、長男幸夫、次男三郎がある。ところが兄の幸夫は早くから、母の里方に預けてあつた關係から、母親に親しまず、又幸夫の素行等も自然と餘りよくなく、後には家にも寄りつかず益々母子の間柄は遠くなるばかりであつた。併し昭和六年の七月十三日頃長谷川繁が鄕里（福島縣）に行つた時、そこに幸夫が來てゐたので、一緖に連れ歸つてそれからは家業に從事させることになつたのです。

家族は卽ち夫婦、息子二人、長谷川繁、林といふ店員、女中一人、それだけで、その他多數の外交員を使用して營業に從事してゐた。

以上の如く家庭はひどく複雜である。一體此の兇行は、誰の仕業であるか、眞犯人は何者であるか？　波瀾は波瀾を喚び、謎を深めて幾度か迷宮に入つたが、情交關係のあつたことを有力な根據として後藤もとと長谷川繁は殺人の共犯として起訴され、遂に昭和九年五月、東京刑事地方裁判所に於て後藤もとも、長谷川繁も死刑の判決を受けたが、兩名とも不服で控訴したのであります。

斯くして辯護に立つ

同じく丸菱商會に被告長谷川の弟もつとめて居りましたが、その弟が私を訪ねて、「どうも兄が眞犯人とは思へません。どうか兄を辯護して助けてもらひたい」といふのです。そこで私も事情を聞いてみると、非常に疑問の點が多いやうに思ひました。しかし、何といつても豫審はなか〲終結せず又、一年十一ケ月の間接見禁止で長谷川に會ふことが出來ないから詳しい事件の內容は知る由もなかつた。

そして豫審が終結した後、私の事務所の辯護士が長谷川に面會した上愈々辯護することになつたのです。それから他の辯護士の助力も求め、私も大いに努力することになりました。

抑々この事件は、當初から非常に疑問の事件で、新聞でも事件當初から非常な奇怪な事件として報道されて居りました。

取調の內容

兇行は外部からの侵入――强竊盜の所爲か、怨恨者の仕業か？嚴重なる警察や檢事局の取調は開始されたのです。ところが當時現金千何百圓かゞ簞笥の中に藏つた儘になつてゐて少しも手がつけてなく、又衣類その他目星いもの一つとして紛失してゐなかつた。更によく調べて見ると、西洋館の窓が開いてゐる。此の窓は果して何人が明けたか今に判明せず現在尙殘された謎である。成程外からの侵入のやうにも見えるが、常夜は雨が少し降つてゐた。從つて窓の下附近の柔かい庭土は尙柔かくなつてゐたにも拘らず、何等人の去來した形跡がない。又若し人がその窓から入つたのであるならば、蜘蛛の巢などは當然切れてゐなければならぬ。然るに蜘蛛の巢は少しも切れてをらず、更に新しい巢迄張り加へられてゐた。それで犯人は外部から入つた者ではないと推斷せられたのです。もつとも、先年後藤忠弘宛に來た脅迫狀がある。その手紙は誰から來たか、發信人は分らぬ。それを兇行直後妻のもとが簞笥の中から出して、かういふ手紙が來てゐるから怨みの仕業でせうと頻りに主張したけれども、四圍の事情から外部說はどうしても成立たず、當然內部の者の兇行だということになつてしまひました。

內部だとすると誰かといふ問題になる。警察の方では、長男の幸夫は幼時から親に可愛がられず流浪の生活をして、家にもあまり寄りつかず、今度歸つて來たといふから、此の幸夫に違ひないというので、これを先づ第一に引致して嚴重に調べ始めた。又後藤もとは、始めの間は犯人は外部か

らだと言つてゐたが、外部說は成立たなくなつてきたゝめに、今度は內輪の者だと言ひ始めた。そして、

「倅の幸夫が蚊帳の中に入つて居た、私は呻り聲がするのでハツと目を覺まして見ると、それは幸夫であつた。するといきなり幸夫が咽を締めつけて、喋るな、喋ると抱き込むぞと言つた」

と、申述べた結果、警察では益々幸夫に嫌疑を掛け、二十日間も留置されて居りました。ところが、成る程幸夫は諸國流浪の生活はつゞけて來たが、どうも父を殺した犯人ではないらしい。その衣類などにもちつとも血が附いてゐない。若し此の男が本當にやつたのなら、あの蚊帳に飛散つた多量の血沫から考へて、飛血くらゐ當然附着しなければならぬ。しかのみならず當人も自分ぢやないと强調し、

「やりもしない私がやつたといふなら、そんなことをいふお母《ふくろ》こそやつたのだらう」

と言つて、警官の前で摑み合はんばかりの親子喧嘩をやつたのです。そんな譯で幸夫は遂に疑ひ晴れて放免された。

その結果、疑ひは後藤もと二男の三郎に掛つて來た。三郎は非常にもとの可愛がつてゐる子供である。そこで、もとは檢事局で三郎も愈々今日起訴されるといふその刹那になつて、いや三郎が

そんな事をやる筈はない、實は長谷川繁の犯行だと極力主張し始めた。そして「呻り聲がするのでハツと思つて目を覺すと蚊帳の中に長谷川繁が入つてゐた。私が飛上つたところが、私の喉を締めて、喋るな、喋ると抱き込むぞと言つた」

と、今度は幸夫について申述べたと同樣なことを、長谷川繁に移して繁が眞犯人だと言ひ出した。かやうに犯人の目星については猫の眼のやうに變つて來たことには事情がある。元來後藤もとと長男幸夫とは仲が良くない結果、もとは寧ろ幸夫を陷れるやうな供述をしたのであらう。次に兇行當夜、もとは被害者忠弘と一つ蚊帳に寢てゐたのだから、第三者から見れば、これ程の大兇行が演じられてもとが發見せぬ筈がない。從つて日頃仲の惡い幸夫がお母にすぐに發見されるこの危険をやる譯がない。又幸夫の衣類には少しも血が附いてゐない事及び當夜の幸夫の寢室の具合駈けつけた順序、時間等の關係を綜合して犯人は幸夫ぢやないことに推斷されたのである。之に反して三郎の方は寢卷に多數の飛び血が附いてゐた。右の袖の表にも裏にも、左の袖の表にも裏にも、又裾の方にも、もとの寢卷にも之に劣らぬ暗赤褐色の多量の飛血があつた。そこで三郎と母親は元々仲がいゝところへ今迄餘所に行つて居た幸夫が歸つて來たものだから、相續問題に就て煩悶し、父親を今の中に殺せばといふ考へになつたのだらうと見られたのであらう。もとも三郎も被疑者として收容されてゐたのである。ところが強制處分拘留の滿期になる前の日になつて、後藤もとは態度を急變して、これは長谷川がやつたので、實は幸夫ぢやなかつたと言ひ出したのである。

併し取調官はもう尋常一樣の事ではもとのいふことを信用しない。なぜかといふと前にも元々幸夫でないのを幸夫だと言つて居り其他にも重要な點で時に應じ場合によつて供述を變更するからである。それ故今度人を變へて長谷川だというてみても容易に信用されないから、後藤もととしては取調官を信用させるには、何か強い證據でもなければならない。そこで長谷川との間には情交關係があつたといひ出した。

「何處々々の待合で長谷川と逢つてゐるから、そとの女中や女將を呼んで調べて下さい」といふ。調べてみるとそれはその通り間違なかつた。情交關係ありとすれば、普通の場合、相手の者を庇ふことが、人情で、實際やつても庇つてやるのが普通である。やらぬものなら尚更のことである。もとにとつては人に知られることは死ぬ程辛い長谷川との情交關係を自白した上その相手の長谷川を犯人だといふからにはもとの言ふ所は本當だらうと見られ、三郎は直ちに釋放され今度は長谷川ともとの二人が被告人として、起訴されるの結果となつたさうして豫審だけに一年と十一ケ月掛つた。その豫審中殆ど接見禁止です。かういふやうな經緯で進んで來たのです。

何故に難事件か

どうして本件が難事件かといふと、第一に兇器が見つからぬ。どんな殺人事件でも鐵棒なら鐵棒木刀なら木刀、或は紐で締め殺したのならその紐が大概出てくるものである。この事件は何でやつたか全然分らぬ。鑑定の結果は鐵鎚樣の兇器でやつたといふことに推定された。成る程鐵鎚は發見された。ところがこの鐵鎚は毆られた忠弘の頭を氷で冷さねばならぬと言ふので、氷を買つて來てその氷を割るのに使つたのである。此の鐵鎚を第一の證據品として擧げたけれども、血などの附いてゐよう筈がない。又忠弘の頭の傷はこの鐵鎚の大きさより小さい。もとにいはせると繁はバットを使つたとともに話したといふ野球のバットも證據品としてあげられたけれども兇變直後警察官の調べたところによると血もついてゐなかつたし、泥がついて拭つた形跡はなかつたとのことである。一體兇器が金物なら金物だといふことが明かならば、それはいつ何處で誰が賣つたか、誰が買ひに行つたかといふことで、足が附くのに早い。從來東京でもいろ〳〵さういふのがある。例へば夜店で短刀を買つてやつたといふ事件では、夜店で買へば判らぬやうだけれども、案外なもので何處の店でどんな風體の者が買ひに來たかと直ぐ調べがつく。この事件には鐵鎚、バットの外に兇器らしいものはあがつて居らぬ。しかも何れの兇器とは斷定出來ぬ事情のものである。

本件が難件であるといふ第二は、もと自身が同じ部屋の同じ蚊帳の中に入つて寢て居り乍ら、呻き聲を聞く迄知らなかつたと言ひ、他の連中も、誰一人兇行を見たといふ者がないといふ事である。後藤もとは、呻き聲で眼を覺ました。その以前のことは知らなかつたといふ。併し如何に眠つてゐても、同じ蚊帳に寢てゐるのであり、目覺いことを自慢にしてゐたもとであり、それも兇行は忠弘の頭部を十回近くも叩いてゐるのだから、それを斷末魔の呻き聲迄知らないといふのは不可解にも思はれる。

本件が難件であるといふ第三は、後藤もとは自分はやらぬ、繁一人がやつたといふ供述の問題になつて來る。併し繁がやつたといふ理由についていろ〳〵後藤もとがいつてゐるけれども、今日から見れば議論なく解決されてしまふ問題であり且不自然なことが多い。もとの主張する繁單獨犯行說は何としても成立せぬ。さうすると一體この犯行はもとと繁の二人が共同してやつたものか、或はもと一人でやつたものか、或は又後藤もとと他の第三者が共同してやつたのか、更に若しくはもとは全然關係がないのか充分はつきりしない。後藤もとにいはせると、繁がやつたといふ。繁にいはせると、自分はやらないといふ。いはゞ水掛け論になつて、裁判所も檢事局も皆手をやいたものです。

新事實の發見

かやうに此の事件は、事件自體が非常な迷宮事件であり、難事件である爲に容易ならぬ苦心をしました。先づ第一に豫審中は先刻いつた通り絶對接見禁止で、豫審後になつてやつと面會の運びになりましたが、豫審の記錄を取つて讀み返して愈々いつの何日に裁判になるといふ前の頃でした。

かつて私の辯護した例の五・一五事件の海軍側被告諸君のことに關して某所を訪れたことがある。その際偶然話のついでから長谷川繁は豫審中刑務所で自殺を計つたたとが判明した。然るにその當時記錄はもう出來てしまつてゐたが自殺のことは一向記錄には載せてない。不審ではあつたけれども或る信ずべき筋の人がいふことだから間違はない。併し裁判官さへそれを私から聞いた刹那は信用しないくらゐでした。

それから公判廷でいろ〳〵調べてみると、確かに首を絞りかけて未遂に終つてゐる。而も遺書迄してあつたといふことも明かになつて來ました。これは私の努力といふより寧ろ天佑といふか、偶然得た收穫であつたのです。

後に此の遺書が非常に有力な辯護の資料になりました。裁判所が取り寄せたその遺書を見ると、本人の心情がよくわかる。よくやる狂言自殺としては到底出來ない内容をもつてゐるのです。

（遺書原文のまゝ）

父上樣、兄上樣、私の不德故祖先を辱しめ、皆々樣に一方ならぬ心痛を煩はせしこと洵に〳〵申し譯なく深くお詫び申し上げます。唯自分は叔父樣殺しに關しては、絕對に覺ひなく、天道は正しきを照らしてくれます。必ず事實の明かになる時のあるに違ひありません。この儘にては洵に殘念ですが、最早この苦痛を忍びたくありません。母上樣の許に參り平和にお仕へ致します。葬儀、回向は凡て事件判明の後にお願ひ致します。

身は假令罪の疑ひ受くるとも神や佛ぞ眞知るらん

繁

父　上　樣

兄　上　樣

〰〰〰〰〰〰〰〰〰〰〰〰〰〰

康樣、私の爲皆々樣に一方ならぬ御心配を煩はし、殊に御身一家には定めしいろ〳〵御迷惑を受けしことと深くお詫び致します。それにも拘らず、收容されて以來何かと御配慮下され、厚くお禮申し上げます。御家内皆樣初め林樣、根岸樣、その他の知人へも宜しく御傳言下されんことをお願ひ致します。

自分は叔父様殺しには絶對に關係なきことなれば、後日必ず事實判明するに違ひありません故、葬儀、回向などはその時にお願ひ致します。

御身の自重と奮闘を祈ります。久殿の將來も何卒お願ひ致します。

康　様

長谷川繁

檢事様、判事様、一言申上候、私の人道に外れし不義に就き洵に申譯無之、過ちの非行を覺ひ唯々慙愧の外無く、衷心お詫び申上候、併し殺人に關しては絶對に覺ひ無きことにて、天地神明に誓ひ決して僞り無之候間、御再調被下度願上候

檢事様

判事様

全く涙の出るやうな遺書でありました。

不利な證言

私共が一番困つたのは千駄ケ谷の「丸菱商會」の近所にある金物屋の證言です。豫審に於てかういふことをいつてゐる。即ちこの兇行のあつた數日前に、年頃二十二、三くらゐの色の黒い鼻の高いがつちりした人が玄翁を買ひに來た。この玄翁を買ひに來た人を警察で、この人でないかと二人見せられたその中の一人が玄翁買ひに來た人に非常によく似てゐたといふのです。之を今度公判で再び呼び出して調べた。即ち長谷川を見せて警察で見せられた二人の中の玄翁買ひに來た者と似てゐるといつたのはこの人かと訊くと、警察で見せられたのはこの人ですと證言したのです。すると兇行の數日前に被告人長谷川が、人をなす爲に兇器を買ひに行つたといふことになる。これは抜き差しならぬことです。これでは、長谷川がやつたと見られても仕方がない。この反證をあげる爲に容易ならぬ苦心をしました。その金物屋は、

「私の所へ玄翁を買ひに來た人はこの人によく似てゐる」と警察でいつて居り、公判でも「警察で見せられた人はこの人だ」と長谷川を指してゐる。そこで辯護人は公判廷でその金物屋を訊問して、

「お前の所へ玄翁を買ひに來た時に、どういふ服裝で來たか」と問ふと、

「上着は黒く下は白いズボンでした」と答へた。辯護人は再び、

「然らば警察に於て見せられた時はどういふ服裝であつたか」と訊くと、

「それも同じでありました」との答をした。

當時の辯護人は私と、坂田、林、、それに私の事務所の三辯護士でしたが、一同が連立つて某官廳を訪問した。

「この事件は非常にむづかしい事件で、疑問がある。神樣と本人以外には本當に誰がやつたか分るものはない。かういふ事件は官民一致眞實を發見することに努めなければならぬ。實際長谷川がやつてゐるなら、八裂きにしてもまだ足りない。併し若し寃罪ならば助けてやらなければならぬ。寃罪で殺されることは氣の毒な話だ。聖代の今日さういふことは洵に歎かはしいことだから、どうかあなたの方でもお力添へを願ひたい」と申込むと某官廳も大に理解してくれ、

「出來るだけ明かにすることにお力添へしませう」

といふ話であつた。

果然覆へる

然るに長谷川は兇行のあつた二十七日の朝、夜が明けるや否や原宿署に檢擧されてゐる。浴衣の寢卷の儘で警察へ留められたといふのです。果してそれなら、金物屋のいふ黑い上衣に白いズボ

ンとは食違ひが出來る。そこで我々は長谷川を後藤の商會から連れて來た刑事巡査に聞いてみると浴衣掛けであつたといふのが二人、他に和服であつたといふのもあるけれども、洋服であつたといふ者は一人もない。はつきりしないといふ人は澤山あるが、洋服といふのは兎に角一人もない。それで一つの光明を見出した譯です。それから一層書類をいろ〳〵調べてもらふと當時長谷川は確かに和服であつたといふことが明かになつた。それで金物屋が警察で見せられたといふのは長谷川でないことが明確になつたのです。まるで人違ひです。此處に於て再び公判廷に復つて、例の金物屋を取調べたといふ警察官を呼び出し、長谷川を連れて來たといふ刑事巡査をも證人として呼び出して調べ、漸く例の金物屋の證言は覆へつたのです。これは天佑もあるが、辯護人の努力と非常な苦心の結果でもありました。

その外にも非常に苦心したことがいろ〳〵あるけれども、それに就ては、こゝで公表し難い內容のものがある。兎に角非常な苦心した結果、新事實を發見して、それが本事件の解決に非常に有力な資料となつたのであります。

妻もとの出鱈目の陳述

情交關係に就ては、もとの方では、「初めて關係した當時から自分が手出しをしたのではない。どつちともなく手を出したことだ。それでかういふことになつた」

といふのです。

繁の方では「さうぢやない。をばさんの方から手を出して來た」といふのです。二人は歳が違ふ。長谷川は當時二十五歳、もとの方は四十五歳、歳が二十も違ふ。そして長谷川はどうかといふと、殺された忠弘の遠縁に當り忠弘の引き立てを受けて、「小父さん〳〵」といつてゐる。又將來も引き立てを受けなければならぬ身分である。さういふ關係にあつて、常識からいつても、恩人の細君に、殊に二十も年上の女に先に手を出す譯はない。

その後の關係についてももとは、自分は嫌で〳〵逃げようとするけれども、繁さんの方で追駈けて來て離さなかつたと、悉く男の爲に不利益なことをいふのです。或は又は、「主人を殺すといふことは今日に初つたことではない。五、六年前にも簿記棒で打殺さうといふから、そんな馬鹿なことはするなといつて止めた」等とかういふことを言葉巧みにいふものですから調書ばかりから見ると、如何にも繁がやつたやうに見える。それを辯護人として我々が悉く打壞さねばならなかつた。

一方繁の方では、

「これ迄女房を再三もらはうと思つてゐたし、家からももらへと勸められる。それをいつも邪魔してゐるのが小母です」と。卽ちもとの方では今こゝで繁に嫁でももらはれると、自分との關係はこの儘斷たれるのですから邪魔をしてゐたといふことが今度明かになつて來たのです。之については繁の獨立問題です。その後兇變の前頃になると繁にとつては、この店は繁忙でもあるし、自分も歳が三十二、三になつたから、獨立して商賣をしようといふことで、方々から資本を用意し始めた。あちこちから資金を貸してやらうといふ人が出て來る。「私も貸してやらうといつた」とか、「私の方にも借りに來たから貸さうと思つてゐた」といふ人が出た。さて獨立すれば同時に一家を持たなければならぬ。一家を持てば女房が必要になる。女房をもらへば、もとは關係を斷たれる恐れがある。それだから、もとは常に「まあ〳〵もう暫く居つてくれ〳〵」と繁を引留めてゐる。併し繁は獨立するつもりで着々その準備をやつてゐた。公判廷ではこの事も明かになつた。これも繁にとつては非常に有力な證據である。

要するに、もとが非常に嘘吐きだといふことが、證據に依つて一々明白になつて來て、もとのいふことは一體どこからどこ迄本當のことか、本當のことといふのは證據によつて爭ひのない點だけで、苟も爭ひがあり、他の者がからだといつて、もとがさうでないと主張する點は悉くもとの方が噓だといはれる位です。例へば二人の情交關係の熱度についてもう少し詳しく述べてみると、もとの言分では、「自分の方は嫌で逃げるのだけれども、繁の方が後から追駈ける」と主張するのであるが、控訴審に於て證人として出て來た女中がいふには、「私と繁さんと話をしてゐると、主婦さんが嫌な顏する。だから私は成る可く繁さんと話をせぬやうにして居つた」

と、もとが嫌な顏をするといふのはつまり嫉妬からでせう。自分は嫌だけれども、繁が追駈けて來るといふことが事實とすれば、繁が女中と仲良く話をするといふことは、もとにすれば願つたり適つたりでせう。それを嫉妬をやいて女中に當り散らしたといふからには、もとの繁に對する態度は容易に推定されませう。

加之、この點については刑務所でもとと同じ監房にゐた某女からもいろ〳〵證言があつたが、特にその證言中、もとは刑務所の中で其某女に對して、

いつの何日にはどこへ二人でドライブしたとか、いつの何日にはどこの店で御馳走食べたとか或はこの襦袢も繁さんから買つてもらつた。この着物も繁さんに買つてもらつた。私の身に著ける物は一つとして繁さんの買つてくれない物はないと折にふれ、時にふれ言つて居たといふのです。監

房に於て迄も惚けるくらゐだから、自分は嫌だけれども繁から追駈けられたなどといふことはあり得ないでせう。その辯公判に於ては繁に對して凡ゆる方法を用ひて攻撃した。要するに兇變當時繁はもとに對して熱が冷めて逃げよう逃げようとしてゐたことが證明されました。從つて情交關係繼續のために繁が忠弘を殺したといふ檢事の起訴理由の一は完全に打消されたことになるのです。

又もとが殺人を繁に相談すれば倘嫌はれるから、もとが繁に相談する筈がないことになりませう。それから、繁の弟が店の金を遣ひ込んだといふことも繁が犯行をした原因の一であるとみられてゐた。その弟の遣ひ込んだ金額が二千圓とか三千圓とかになる。それを兄の繁は知つてゐる。その金を書き出さなければならぬ。それは大變だといふので發覺を虞れて主人忠弘を殺したのであると、原因の一つに數へられてゐた。

ところが事實はさうぢやない。未納といつて、鐵道定期乘車券を月賦で賣つて集金出來ないのが重なり重なつて二、三千圓になつた。その未納を一審迄は全部繁の弟が着服したものであると見られてゐた。ところが控訴審になつて、それはパスを月賦で買つた者が死亡したり、轉勤になつたり、行方不明になつたり、そんな事の爲に集金不能になつたものであるといふ反對の有利な證據が續々と出て來た。

又この店員の未收金の問題で兇變數日前、忠弘は繁を激しく叱つた。この恨も手傳つて繁は忠弘を殺害したのである。この考へも從來一原因として考へられて來た所であつた。ところが公判廷で多數の證人を證べると主人の忠弘といふ人は非常にむづかしい人で叱ることは度々ある。併し被告人長谷川は一度も反抗したことはない。口應へは一度もしない。易々諾々としてゐるといふ證人もあり又叱られたからといつて蔭口をぶつ〳〵といふ者もあるけれども、長谷川に限つて不平をいつたことがない。長谷川は叱られると「あれは主人の病氣の爲だ。それで小言をいふのだ」と、寧ろ同情してゐたといふ證人もあつて、數日前の叱責が犯行の動機となつたといふ說も根據を失つたのであります。

五年振りに靑天白日

控訴審の裁判長は杉浦判事でした。この人は札幌の控訴院の裁判長をやり、關東廳の高等法院長をやり、それから最近東京控訴院に歸つて來て、大きい事件がある每に特に選ばれて當る人である。陪席の中野小泉兩判事も練達の裁判官で控訴院部長級の人です。さういふ練達有能の士のみ揃つてゐる所で審判をうけたことは非常に幸福であつた。

かくして昭和十年十月十五日東京控訴院第二刑事部の大法廷に於て長谷川繁は無罪に宣告せられ、やがて判決確定して五年振に漸く濡衣の嘆を免れ、後藤もとは夫殺しとして死刑を宣告せられたのです。

（昭和十年十一月一日）

お定事件と死體遺棄・損壊

徳利に放尿して毀棄罪

近頃、獵奇事件のナムバー・ワンは尾久事件の阿部定である。なにせ、當代の話題を一身にさらつた人氣女だけに、罪名が定まり警視廳より市ケ谷送りときまつたと報道されるや、「せめて一目」の獵奇人がわざわざ警視廳の入口に頑張つてゐるので、流石の警視廳も悲鳴をあげたと云ふのだから、噂話としても大したものである。

しかも、最後まで妖女お定の名に背かず、殺された石田のきてゐた血染めの肌襦袢を、シツカと肌身につけた儘市ケ谷行をしたといふ新聞記事である。眞僞は保證できないが、假に噂話にしてみても、左樣な噂話に興味を感じさせる程銜の人氣をさらつてゐるのだから、「昭和の犯罪史に獵奇の一頁をあやしくも描き出したグロ犯人」といふ形容詞も、犯人お定に對してはピッタリとする。ところで、この獵奇事件の主人公の罪名は殺人並に死體損壞罪である。例の獵奇の中心たる死體の一部を切斷したことが、この後の罪名に該當するのだが、人間の死體を損壞するといふことは、いささか變にきこえる。丸で物を壞すやうな感じがするが、法律の術語にはしばしばこんなのがある。

例へば、毀棄罪といふのがある。盆のボーナス景氣でバーの三軒、四軒を巡回し、メートルをあげ過ぎて、一寸した女給のサービスが氣に喰はぬといつて德利を叩きつけ、皿、盃を割る御仁がある。オ巡りさんは、これは器物毀棄罪で引致する。毀棄罪といつても殺した上わざわざ棄てに行く必要はない。所で、同じボーナス景氣が飲食店に行つて「鋤燒鍋及德利に放尿し」たら何うであるか。これは器物毀棄といふには少し毀棄といふ文字と遠いが、物の本來の用途を不能ならしめた點では、卽ち飲食器としてお客樣のまへに出せないやうにしてしまつた點では、丸ツきり叩き壞した場合と、德利の中に放尿した場合と同じだから、その一致した點から觀察して、裁判所は小便組をも毀棄罪で處罰するのである。現にその意味の大審院の判例があるのだから、ボーナス上戶黨は御用心肝要である。

別に上戸黨に反感をもつわけでは毛頭ないが、愛嬌序でにも一つトラの御失策を紹介に及ぶ。これも恐らくは女中にモテなかつたのであらう。貸席敷へ上つた野暮が、床に懸けてあつた鯛と蝦とを畫いた懸物の右上方に「不」の字、鯛の繪の中央に「吉」の字を大書した。蝦で鯛を釣るといふ縁起を祝つた懸物へ不吉と大書されては、鯛を釣るつもりで士式衞門を釣つたやうなものである。そこで、裁判所はこれを毀棄罪で罰した。係辯護人に懸物自體に損壞を加へたのではないから、毀棄罪で罰するのは不當だと爭つたが、大審院は、不吉と書かれては感情上その物を使ふことが出來ないのだから、やはり刑法第二六一條に所謂「物ヲ損壞シタル」場合に該當する、卽ち毀棄罪で處罰するのは相當だとした。これと同じやうに籠の鳥——例へばカナリヤとか十姉妹などといふタダの籠の鳥を放して逃がすとか、養魚池の鯉を流出させるとか、武男が浪子の指輪を拔いて熱海の海中に投込んでしまつたかといふ場合は、物質的な破壞ではないが、いづれも物の本來の用法を不能ならしむる點で損壞卽ち毀棄にあたるのであつて、その罪を負はなければならない。

お定事件のグロな點から、大分脫線したが、兎角色と酒の話には脫線がつきものと御勘辨にあづかり度い。

お定事件の法律的構成

人を殺す以上の罪はない。一旦殺してしまつた以上、それに對してさらに傷けてみても、或は死體の一部分を切斷しても結局五十歩百歩のやうな氣がする。殊に流行藥で瞬間の間に命をとつても、滅多斬にして身體の形のない迄に滅茶苦茶に斬りつけて殺しても、やはり一箇の殺人行爲で、それ以上の科がない。それと、絞殺して、そののち死體の一部に傷けた場合と、どれだけの差があるだらうと疑問に思はざるを得ないが、いつも云ふ通り、法律は細かい事がすきなので、殺人行爲はそれで一箇、それから死體に手を加へるとそれがまた一箇、その死體を持ち運んだり、土中に埋めたりするとそれがまた一箇、卽ち殺人行爲と、死體損壞と、死體遺棄とをそれぞれ區別して處罰してゐるのである。そこで玉ノ井のバラバラ事件とか、澁谷のコマギレ事件等などは、殺人罪のほかに死體損壞並に死體遺棄罪が成立し、お定事件の如きは殺人罪のほかに死體損壞事件が成立するのである。

殺人行爲そのものが既に怪しからぬが、それはそれとして、既に死體となつた以上は、亡き人を尊んで本來相當の葬式が行はるべきものである。死體を、さらに損壞したり、遺棄したりするのは信仰感情に反するといふので、これらの行爲を殺人行爲とは別に處罪するのである。

お定事件では、殺したのちまでもなほ情人石田を自分のものにしておき度いといふ氣持から、主人公お定は、情人を絞殺してから、さらに死體の一部を切斷して逃走先きを持ち廻はつたといふのである。當節の變態的な性格をもつ謂ゆる近代女性と呼ばれるものには、あり勝ちの感情であるが相手の總べてを自分一個のものにしたいと云ふ强烈な自我慾の現れ、それが結局罪人行爲をも敢てなし、且つ獵奇的な行動にも出たのである。從つて、本質的には兩行爲は同一目的の手段乃至順序にすぎない。けれども法律は、これを別々に觀察して、絞殺は殺人罪に、また獵奇的な部分の行爲には死體損壞罪を適用するのである。この場合は損壞といふ文字が滿更適合しないでもない。

殺人罪に關する夥多の事件の記錄を調べてみたが、死體損壞事件といふのは餘り見當らない。結局バラバラ事件とか、お定事件とか、當時の社會の耳目を衝動する一大獵奇事件ででもなければ、こんな實例はあまりない。

唯、東北地方に行くと、今日でもこの死體損壞罪が非常に多い。それは、人の腦漿が肺病の妙藥になるとかいふ俗說にからんで起る事件であるが、火葬場の竈に入れて火葬に附した死體の腦漿を鐵棒で掻き出したり、埋葬された棺を破つて同樣に腦漿を取り出す事件である。後の場合は墳墓發掘罪、死體領得罪等をも併せて生ずるけれども、孰れにせよ死體損壞罪が成立することは疑ひない。

ひところ此の事件が非常に多かつた頃は、死體、又は死體の一部は財物として所有權の客體となり得るから、竊盜罪で罰せよといふ意見が多かつた。然し死體に關しては勿論、墳墓の場合も特別法條が規定されてゐるので、刑法第百九十條及び同第百八十九條が優先的に適用されて、竊盜罪その他の財產罪はこれに包含され獨立に成立する餘地がないのである。

死體遺棄にからまる挿話

これが死體遺棄罪となると實例はザラにある。殺人犯人が犯行の發覺を怖れ、或は犯行を湮滅するために、死體に石をつけて河中に投じたり、藪の中に祕したり、或は土中に埋めたりすることは常套手段である。

鈴辨殺しの山田憲が鈴辨の死體を信濃川に運んで遺棄したのは其一例だがなかには隨分滑稽な事件もある。宮城縣名取郡秋保村に起つた事件であるが、附近の村民に小金を貸して、比較的裕福に暮してゐた獨り者の老婆があつた。鄉里に一人でゐることは不用心且つ不經濟と考へたので、東京の電氣會社に勤めてゐる息子の許に同居しようと頻りに貸金の整理を急いでゐるうち、いつの間にか不在となり、その後五、六日過ぎると老婆の家宅から發火して全燒した。

焼け跡を見ると、發火現場の板倉の鍵が、鍵穴に挿入したまま倉の入口の踏石の石にあり、又老婆が外出する際いつも使用する竹杖が泥に汚れた白足袋及草鞋と共に居宅入口におかれ、老婆が夜歸宅し倉に入つて過つて火を失したやうに思はれたが、焼死體がないので消防組員が騒ぎ出した。そこで消防組員、靑年團員が八方手分けして捜した結果、翌日の夕方同村の名取川の淺瀬で同人の死體を發見した。所がそこは水深七寸の靜溜で、溺死の出來る場所でないので、他殺なることが一見明瞭となつた。

捜査が進められてゐる折柄、老婆の息子宛にその債務者より「貴殿よりの借金返濟は今暫く猶豫を願ひ度いが、母堂よりの借金は此度全部返濟した云々」の手紙が來た。返濟したといふ日時を見ると老婆失踪中のことなので忽ち疑惑を掛けられ、遂に犯人が逮捕された。それは老婆から最も多額に借金してゐる男であつた。

自白によると、老婆の督促があまり嚴重を極めるので、老婆を欺いて山中深く誘ひ入れ隙を見て撲殺したのであつたが、數日後さらに老婆の板倉に入つて色々の品物を盗み出し犯行を防ぐと同時に、老婆が失火して焼死した如く裝ふため足袋や杖でトリックを用ひ、放火したのであつた。然るに焼死體がないと消防組に發見されたので、山中からわざわざ死體を擔ぎ出し、失火に驚いて逃げる途中川中に轉倒し、岩に頭部を打ちつけて死亡したやうに見せかけようとして、却て發覺を早めてしまつたものだといふ。死體遺棄罪もこれなど傑作の方だ。

死體遺棄罪には、大概犯罪祕話といつたやうなものがつきもののやうである。普通突嗟の間に片附けねばならぬ强盜殺人といつた犯罪では、殺すだけが關の山である。その死體を隱匿したり、遺棄したりする暇がない。殺人の上に死體遺棄を重ねるには、前に云つた如く成可く犯行の發覺を防止する必要のある事件で、一方被害者と何等か關係があり、他方瞬間に決意せられたのではなくて、事前に計畫され、熟慮の結果行はれる傾向があり、それだけにその裏には情痴的、金錢的、怨恨的な事情が伏在する。

大正九年に、大阪に六反池の首無事件といふのがあつた。分別盛りの五十男が色と慾との葛藤から多情な美人を殺害し、死體を首、手、足、胴體の六ツ切にして、六反池に投じたグロを極めた怪事件である。

死體の形相が餘りに物凄く、而かも鐵板に縛り付けられてゐたので、發覺當時新四谷怪談と喧傳された事件がある。大阪市内を貫流する尻無川が大阪灣に注がんとする地點より少し上流の流筏の中に昭和三年七月、鐵板に縛りつけられた見るも無慘な女の死體が浮び上つた。死體の義齒から齒科醫を調査した結果、身元が判明したので元の情夫が犯人と推定され、遂に逮捕されたのである。推定の根據は、女が頗るの醜女で、誰一人手を出すものがなかつたが、一方極端な節儉家で相當貯金をしてゐた點にあつた。かう云ふ曰く付の女に關係したから、男の心が直ぐ讀まれてしまつたのだ。

これらは一例を示したのであるが、この種の話題は死體遺棄にはつきものである。實例は澤山あるが、バラバラ事件を想起して戴いて割愛する。

殺人の件はない死體遺棄もある。その場合は死體を置去りにすること、或は葬祭をせざることが其人の義務、或は責任に反する場合でなければならない。死體と何の關係もないものには死體遺棄罪の責任は生じない。北海道の御料林内の炭燒竈の上にあがつて、燃燒してゐる竈の中に誤つて墜落して燒死した。これを後刻見廻の炭燒人が發見したが、少年の死體を取出すには竈を破壞しなければならないので、それでは製造中の木炭を全部無駄にしてしまふ。そこで穴をふさいでうつちやつて置いたので一、二審共死體遺棄罪に問はれたが、大審院は德義上は怪しからぬが、死體を搬出して葬祭すべき義務がないからとて無罪にした。その代り不義の死兒を分娩した妻が、死體を道義上埋葬と認められない方法で地中に埋沒しても、やはり遺棄となると云ふ判例がある。

（昭和十一年十一月三十日）

殺人犯の逮捕された端緒物語

被害者の一語から發覺

去る四月二十日午前三時頃、川崎の竹之湯を襲つて、番頭と主人の甥を煉瓦で一撃重傷を負はせ、更に女房と長男の頭部を一撃即死させ長女に瀕死の重傷を負はせ七十餘圓を强奪逃走した暴虐な二人組强盜殺人事件があつた。

主犯は滿洲で、共犯は大阪で、それぞれ捕まつたが、主犯發覺の端緒は、被害者の一人たる竹之湯の長女が、瀕死の重傷の中から「北海道」と口走つた一語にあつた。「北海道」といふのは、竹之湯の親戚に當る鶴見の仲野湯の三助の呼名であつたので、直ちに犯人を指名することが出來たのである。尤も、手配したときは、時既に一足違ひで犯人が逃亡した後だつたので、內地で檢擧することが出來なかつたが、それでも犯人が判明して全國に連絡がとれてゐたので、犯人が大連まで潜行しながらも難なく逮捕されたのである。

普通の犯人では、犯罪事實の發覺に問題があるとしても、犯罪が明瞭になれば、それと同時に犯人も明瞭になるのが一般である。所が、強窃盗や殺人罪になると犯罪事實は即時明瞭になるが、何人が犯人か不明なのが多い。殊に殺人既遂罪となると、死人に口なしで被害者から話を聞くことは絕對に不可能なので、その犯人を誰であると指名することもまた一段と困難な譯である。從つて、殺人事件では、先づ犯人指名即ち殺害した犯人を明らかにすることに全力が注がれる。

所で、天はよくしたもので、天網恢恢疎にして漏さずの譬のとほり、何處かにその手懸かりを殘して置く。いま手許にある百有餘の犯人不明の難殺人事件の中から、どういふ引ッ掛かりから犯人が發覺し、逮捕されたか、興味のある五六件を拾つて見よう。

冒頭の竹之湯の事件の如く、被害者が瀕死の中にも加害者を口走れば、これは捜査が一番早い。けれども、被害者の片言や囈語もうつかり過信すると、とんだナンセンスに終り、氣の氣な犠牲者を出す虞れがある。

最近某地にあつた殺人事件であるが、被害者は路上で只一突きに突き刺されて死亡した。所が、最初に駈け付けた駐在の巡査に對し「何も聞いて呉れるな」との一言を殘して息をひき取つた。極めて意味深長な一言なので捜査本部も其の解釋に惱み、恐らく極く近しい身内の行爲ではないかと其方を極力探査しだが、それらしい形勢がない。そこで、もう一度その言葉を發するに至つた狀況を調査した所、豈に計らんや駈け付けた巡査が斷末魔の苦しみに踠く被害者に對して、先づ其の本籍住所等から聞き始めたので、被害者が苦痛に堪へかね、取り調べを拒絶するが爲めに發した言葉であつたことが判明した。これなどは被害者が命脈を保つてゐたならば犯人の誰なるかを眞先きに聞くべきであることを敎ふる物語の一つである。

右はナンセンスでまだすむが、不幸なのは犧牲者の出たときである。五六年前福島縣平町の近くに五人殺しの事件があつた。一人だけ殘つた瀕死者が、しきりに「むかへの叔父さん」「むかへの叔父さん」と譫言を發すると云ふのである。むかへの叔父さんと云ふのは、向側の叔父さんと云ふのではなくて、同村の親戚の叔父をいふので、田舎によくあるやうに其家を指してむかへと云ひならしてゐると云ふのである。

其處でそのむかへの叔父なる者が犯人として擧げられ、とうとう起訴され有罪の決定を受けた。その辯護の依頼が私の所にあつたので、其後現場に行つて種々調査して見ると、被害者宅では兇行のあつた。翌日に法事を營む手筈であつた。むかいへの叔父さんは親戚のことなので、法事の前日から手傳ひがてらに招かれてゐたのに、その日來なかつたので、家中の者がむかいへの叔父さんはどうしたのだらうと心配して話合つてゐた其夜の兇行なので、被害者がむかいへの叔父さんなる譫語を頻りに發したことが分つた。一審は平裁判所で死刑の言渡があつたが非常な努力の末結局仙臺の控訴院で無罪となつたが、被告人も日頃の行狀等と譫語とが連鎖され、狀況證據に因つて起訴されたのである。それにしても誠に氣の毒の話であつた。

犯人の一言が發覺の端緒

前と反對に、犯人が不用意の裡に發した一語が手懸りとなつて、犯人が逮捕される場合が屢ある。愛知縣西春日井郡西春村の八劍神社裏の人車の通行極めて稀な晝でも淋しいところに、顏面を粉碎されて死亡してゐる男があつた。異變を聞いて集つた村民に依つて、被害者が同村の井上米商の主人なることが判明した。被害者の所持金は紛失してゐたが、犯人の遺留品は何一つなかつた。

被害者の妻の言に依ると、當日正午頃同村北野の者と稱し、年齡三十歳位の色白の一見好男子がやつて來て、「自分の持米四俵許り賣却し度いから金を用意して自宅迄同道して吳れ」と云ふので、北野の何處かと聞いたところ、其の男は「寺の方」とか云つて後は言葉を濁し、兎も角同道して貰ひ度いと云ふので、六十圓餘り用意して其の男と同道立出でたと云ふのである。

被害者の家と犯人とは一面識もなかつたと云ふが、被害者の家が米商なることを知つてゐた以上は、此の土地に何等か關係のある者であらうと推察され、又「寺の方から」なる言葉には必ず根據あるものと見込んで、土地關係者で且つ寺に緣故ある前科者、不良者等の嚴密な調査が行はれた。

その結果、同村鍛冶ケ一色に元の本籍を有し當時知多郡名和村某寺の僧侶をして居る儀法事井村儀人と云ふ者の弟健次郎なる者を發見した。同人は前科數犯を重ね、最近出獄した者で、鍛冶ケ一色の生れであるが幼少の頃から名古屋市に在住し、鄕里に於て顏を知る者もないのであつた。同人の實姉及び友人達を取調べ、念のため在監中の同人の寫眞を取寄せ、被害者の妻に識別させた所、何れも同人の犯行なることが明瞭となつて、大阪市に走り僞名して雇はれてゐる所を逮捕した。

昭和四年九月大阪北長柄派出所の井上巡査が午前四時頃巡回勤務を了へて派出所に歸り、正に同僚巡査と交替せんとした時怪しい身裝りの男が所の前を通りかかつたので、眞夜中の事故一應誰何し、所內に連れ込んで取調に着手した所、其の男は扇町(或は北扇町)に行く途中だとのみ答へ、突然逃走を企てたので追駈けて連れ戻り、同人の身體檢査を初めると、持つてゐたナツショナル懷中電燈を投げ出して再び逃走を企て、十間許り駈出したので、井上巡査は追跡して引捕へ、振拂つて逃げやうとする同人を背負投げに投げ付けんとした其の瞬間、其の男は隱し持つた兇器で同巡査の左肺部を突き刺し、巡査が怯む隙に更に前頸部を突いて逃走した。

井上巡査は漸く派出所まで辿り付き「やられた」の一言を殘して、間もなく絶命した。折柄派出所で交替を待つてゐた同僚巡査は、この聲を聞き、直に犯人の逃走路と目さるる長柄橋附近まで追跡した時、大阪第五七五號のタクシーが南方からやつて來たので、之れに飛乘り追跡を續けたが、東海道本線淀川ガードのところに於て、遂に犯人の姿を見失つて了つた。直ちに大阪全市に手配して非常線を張り、捜査の幕は切つて落された。

井上巡査が不審訊問をしたとき、犯人が最初に發した言葉は「扇町に行く」であつたが、犯行前のことであり、而かも咄嗟の場合の言葉であるから、此の言葉には何か根據があり、場所的に扇町か北扇町は犯人と必ず何等かの關係あるものと見込み、同町方面は特に警戒して不良の調査を行つたところ、何れも札付きの惡漢が百餘名あつた。之等の者の行動を內偵すると同時に、扇町の××保護團體たる佛敎會に身を寄せてゐる刑餘者三十名の行動を虱潰しに調査した。

その中に、最近會の金を持つて出奔した佐藤某なる者があり、同人が以前屢遊廓に行つたことのある點から馴染みの娼妓を調べ出し、娼妓の實母を取調ぶるに、愈同人が犯人なること判明し、遂に宇治警察署の非常警戒に引ッ掛かり、淀の橋上で捕へられた。

擬裝を觀破されて發覺

大正四年六年十七日午前一時頃、大阪九條警察署の受付係に同署管内の松山杉太郎なる者が、「只今御呼出しに依り出頭した」旨申出でた。同署では何人をも呼出した事がないので、近隣の警察署に問合せて見たが、どこでも呼出した事實がないので本人を歸した。所が、一時間ばかりの後、同人が慌しく最寄りの派出所に飛込み、「自分は先刻本署の方に御呼出を受け本署に出頭した所、呼出した事實なしとの事、急ぎ歸宅した所、留守中賊が入り、妻を殺害して金品を物色して行つたから、直ぐ御臨檢を乞ふ」と屆出たので、派出所の巡査は急ぎこのことを本署に報告し、搜査が開始された。

松山に就き事情を調査すると、同人夫婦は新婚五ケ月の仲であつた。そして、當夜は十時頃寢に就いた所、翌朝零時頃何人か表戸を叩き、屋外から杉太郎に對し、直に九條署に出頭すべしと云ふので、二階に熟睡中の店員を呼び起して表戸を開かしめ、妻は寢てゐたので起さず、其儘店員に戸締を命じて署に出頭した。歸宅した際も店員に開けさせ、寢所に行つた所、箪笥の抽斗は悉く開放され、在中の衣類雜品は投げ出され、妻の身體がそれ等で埋まつてゐた。驚いて名を呼んだが何の返事もないので、不審を懷いて「足」に觸つて見た所既に冷たく縡切れてゐたと云ふのである。

敏腕な刑事はこの申立の中に、二つの人情に反ずる不條理のあるのを聞き逃さなかつた。其の一つは最初の呼出に應じて出頭するのに、二階に寢てゐる店員を起して表戸を開けさせ、妻は其儘寢かして置いた點である。普通新婚間もない夫婦間で、然も夜中に警察署に出頭すると云ふのに、それを一言も知らさず、又女房側から云へば妻たる者が戸を開けて送り出すのが通例なのに、それを知らずに寢てゐた點である。第二は妻の顏面や其他に衣類が覆つてゐたので、安否を氣遣ひ名を呼んで返事がないので「足」に觸つて死亡の事實を知つたと云ふ點である。通常こんな場合は、先づ蔽はれた衣類を取除いて「顏」を見るのが普通であると云ふのである。

然し、これは餘り理窟に偏する嫌があるので疑問の儘として置き、翌朝犯人の侵入及び逃走經路を實地踏査した所が、犯人の侵入經路に當る便所の屋根の中央邊に薄い蜘蛛の線が三條引いてゐるのを發見した。其處は侵入に當り必ず通過せねばならぬ個所なのだ。犯人出入前の蜘蛛の絲が殘る筈のない所である。其後に張られた新絲かも知れぬと云ふ疑問もあつたが、檢査した所殆ど粘着力を失ひ新しいものでは絶對になかつた。又、逃走路の小梯子の立てかけてある屋根瓦の上に微かな莨の灰が落ちてゐた。莨の灰は直ぐ飛散るもの故、僅か數時間の間に落されたものと見なければならぬが、犯人が莨を啣へて屋根に登ることは到底想像も出來ない所であつた。

これで、杉太郎は忽ち平身低頭犯行を自白した。即ち夫自身が殺害者なのである。被害者たる妻は高等女學校を出、犯人には學歷がないので、平素から兎角被告を輕蔑する言動があつた。然も最近に至り、被害者に情夫があることも分り、被害者はその時妊娠七ケ月で、その胎兒は結婚前の懷姙にかかはる事判明し、犯行の數日前にも男の筆跡で被害者宛金の無心の匿名の手紙が來たのを發見したので、犯人は甚しく煩悶し、寢所でその情夫の名を明すことを迫つたが、これを拒絕する上に夫たる被告に重大な侮辱を與へたので、被告も意氣地から遂にこれを絞殺し、その犯跡を晦ます爲に打つた芝居が九條署への眞夜中出頭その他の行爲であつたのである。これは天網ならぬ蜘蛛のアミに引つ掛かつてしまつた。

殺人狂には、その犯跡を晦ます爲の擬裝が隨分多く行はれるのが、大概觀破されてゐる。

樂書、僞の遺書等から發覺

犯人自らが、被害家の入口に「本日休業」の貼紙を爲し、更に屋内臺所水屋上部の戸に白墨にて、「百日團ＫＫ三人組」「共産主義」等と達筆にて樂書をし、却てその樂書の爲めに捕つた犯人がある。被害者は大阪市天王寺區平野町の土砂屋夫婦で、事件は昭和五年三月のことである。調査するに、犯行は萬事極めて計劃的に行はれて居り、被害の郵便貯金の如きも犯行翌日には早くも引出されてあつた。

何も手懸りがないので、結局捜査の中心が樂書に置かれた。この樂書が何の爲めに書かれたかを愼重に調査するに畢竟捜査の眼を他所に向ける爲めに書いたもので、犯行は自分がしたのではないと云ふ事を表す爲めに書いたものであると云ふ以外には、解釋の仕様がなかつた。

さうすれば、犯人は必ず被害者と何等かの關係あるか、被害者の內部を知る者を片つ端から何回となく調べると、被害者方附近に出入した魚屋で本年になつてから姿を見せない者があることが分つた。此者を內偵すると、妻子四名を抱へ乍ら赤貧洗ふが如く、然も何等の定職もなく賭博に耽けてることが判明した。

そこで、同人宅を取調べた所、盜品と「共產社會」等と書いてある手帖一冊を發見した。其の筆跡中「産」の字に特徴があり、現場の樂書と同一なること一見して明瞭な爲め、遂に捕縛された。

これこそ樂書でなく苦書である。同人は此の外なほ數件の强盜殺人事件を自白した。

次に樂書ではないが、犯人が遺書を僞造して被害者の自殺を裝つた所、却つて其の筆跡から暴れてしまつた事件がある。

大正十四年靜岡縣の稲取町の海岸に四十五六歳の女の慘殺死體が浮上つた。右は前日泥棒に見舞はれた現狀附近居住の渡邊某女であつた。

同家を臨檢すると、入口爐の傍に「サクより父上サマへ」と表記し、「オレニイロオトコガデキテ、イキテハソワレヌカラソノモノトシンジユウスル」の認めた遺書が置かれてあつた。被害者は亡夫の遺產を相續して裕福に暮らしてはゐたが、滑稽なことには無筆であつた。それに女の癖に「オレ」とは變であると云ふところから、遺書の出鱈目なことが直ぐに觀破された。

被害者には實父及び妹の私生子たる甥があつたが、同じ町に住んではゐるが平素極めて不仲で餘り往來しなかつた。實父を取調べたところ、係官に對し到底措信することの出來ぬ情死を强調した。これで却て益々怪しまれて實父及び甥の筆跡と遺書の筆跡とが對照された所、甥の筆跡が遺書に酷似してゐたので、同人の身體檢査を行ふと身體三ケ所に爪傷があつた。結局犯行は同人の所爲なることを白狀するに至つた。筆跡鑑定ではないが、貸主たる老婆を殺害し、その倉に放火して犯跡を蔽はんとしたが、被害者の息子宛に「貴殿よりの借金返濟は今暫く、猶豫を願ひ度いが、母堂よりの借金は此度全部返濟した云々」の手紙を出した所から、貸金帳簿を調べられ、それが虚僞であることが發覺した爲め嫌疑を濃厚にして、遂に眞犯人たることを探査された事件があつた。

貸主を殺害して、自己の借用證書だけを盗んできた所から、却て殺人犯人なることを裏書した事件は隨分多くある。

良心の苛責から自ら發覺

如何に極悪非道の犯罪者でも、一點良心の苛責のあるは疑ひない。しかも、人殺しと云ふ大罪を犯して其の儘平然たり得る筈がない。その微妙な心の動きが、犯人をして發覺の前に導く場合は尠なからずある。これは曾つて、花井博士から耳にした話であるが、鹿兒島縣にあつた殺人事件である。

被告人は長い年月の間隱蔽に隱蔽を重ねて、幸か不幸か殺人犯の兇狀持ちなることが發覺せずに暮して來た。然し漸次齡を重ねるに從つて佛心がわき、若氣の過ちとは云へ他人を殺めた事の古疵が良心を突つき、生き乍ら地獄の苦痛を感じた。さうして被害者の命日に當る或夜「誰某濟まない」

「誰某悪かつた」と聲高に囈語を發して家人を驚かさせた事から、圖らずも己が罪を暗默の中に自白した仕舞つた。

斯くて、被告として法廷に立たねばならなかつたが、その魘されて「濟まない、悪かつた」の囈語を發した日は、犯罪の時効に掛る僅か四日前であつたと云ふ事である。玆らに天意の微妙な働きがあるものと解される。

大正十一年七月、茨城縣龍ヶ崎在に女化稲荷の人殺しと云ふ有名な殺人事件があつた。これは近村の素封家の當時二十二歳になる花嫁が町の銀行に貯金に出掛けて、女化の稲荷附近の開墾地の原中で絞殺され、所持の金錢、通帳等が强奪された事件である。怨恨を買ふやうな事情なく、痴情關係もとより無く、各方面に亙る捜査も効果を奏せず、事件は益々解決困難になつた。

其時、犯罪發生後十一日目に龍ヶ崎署の巡査が妙な事實を聞き込んだ。それは犯罪發生後六日目の夕刻折柄非常な猛雨であつたに拘はらず、被害者方と何等親族關係のないと思はれる青年が、被害者の墓に參拜したと云ふことである。

そこで、この青年が何者なるかに付て極力調査を進めると、墓參の現場を瞥見した者が判明したので、事件は急轉直下解決した。附近は開墾地で、他地から移住して來た者が多いが、犯人も亦その一人で、煎餅屋を營む實母の下に徒食する二十二歳の前科者であつた。

次に昭和五年名古屋の米野町に強盜殺人事件があつた。そこで、旅舍檢査に當つた一刑事が、兇行現場附近の木賃宿を取調べた所、白晝睡眠を貪り、而かも被害家で紛失した金と同種の一錢銅貨を澤山に所持する者を發見し乍ら、其奴の悠々として迫らざる態度にすつかり欺かれ、其の儘看過してしまつた。

所が其の翌日同刑事が被害者の身許調査に赴かうとした所、偶然にも同人と出會しバツタリ視線が會つたすると豫期せぬ爲めか、今度は同人は狼狽氣味でニツコリ會釋し、急いで最寄りの街角を廻つた。何氣なく見送つた刑事が、彼が角を廻るや同時に一目散に駈出したのを瞥見し不審を抱いて忽ち之を追跡し遂に引捕へた所、これが犯人であつた。

いづれも氣自ら體に現はれる組である。殺人犯覺の端緒に付き、更に種々の物語を書く豫定であつたが、遂に與へられた紙數も超過したから是れにて殘念乍ら割愛する。

（昭和十年七月）

美人の放火事件

辯護士の立場からみて面白い事件と、一般の世人がみて面白い事件と、大分開きがあるだらうと思ふ。錯綜した事件を扱つて、遂に無罪になつたといふ様なのが、私等辯護士の立場からすれば、一番面白く、且つ愉快だ。

これはうら若い婦人の放火事件に過ぎないが、帝都最初の陪審裁判に附せられた事件である。山脇寒子――二十一才――は夫宇一と共に昭和二年七月、府下馬込町清水窪に、友人の所有家屋を借りて住んだ。もと池田某が、その家で菓子屋をやつてゐたので、そのまゝ譲り受けて、彼等も菓子業を營んだ。池田某は、仕入先から六百圓の借金があつたが、山脇は權利金を、池田某に仕拂ふ代りに借金をそのまゝ引きついだ。ところが其後、商賣の方が、面白くゆかず、三年三月頃は、九百圓近くの借金を背負つてしまつた。その債務辨償に、若い寒子は、一方ならず憂慮した餘り、居宅にかけた動産保險が、八千圓あるのを知り家を燒いてその保險金を得、負債の穴埋めをし、新らしい商賣のもとでにもしようと決意、三月十五日午前二時頃、帳場の上から、新聞紙二枚を持ち出し、臺所のキハツ油を注ぎ、ガス臺の上にあつたマッチを以て點火し放火を計つたが、燃え出したので、にはかに恐ろしくなり、夫宇一を起して一緒に消しとめた。といふ放火事件である。

そのまゝで濟ませば、濟みさうな事件だが、寒子は、外から火をつけられたと駐在所に訴へ出た。駐在所の巡査が一通り調べてから司法主任が取調べに來た。その時キハツ油の瓶が、棚の上に乘つてゐたが、司法主任が二階を調べに上つた間に、寒子は其の瓶を戸棚の中に隱した。それが、疑ひをかけられる原因となつたのである。つまり、二階から降りてみたらキハツ油の瓶がない。どこへやつたなぜかくしたのだ、といふ事になり、それが、事件の發端になつた。

寒子はその場からすぐ警察に連行され、取調べを受けたが、やつたと言へば、直ぐ歸してやるからと言はれて、やつたと答へたが、そう言つた以上は、事件の辻褄を合はさなければならないので、賣上げが面白くなかつたからとか、借金があつたのでとか、放火せざるを得なかつた狀態の申し立てをした。

警察で自白、檢事局でも自白、豫審でも、最初は自白したが、最後になつて、二十七問答の所で南松豫審判事が、被告は、放火した事に間違ひないか、と問ふた時實は私がしたのではないが、警察でいぢめられて、そう言つたのです。と答へ、また、二十八問答で外から火をつけた樣でもないし、失火でもない樣だが、どうか、といふ判事の問に對し、それでは私が火をつけた事にしておきます。と答へた。二回目の榎林豫審判事に變つてからは、ずーつと否認しつゞけたので、物的證據、四圍の狀況等から豫審免訴となつたが檢事の抗告があつて、その結果、控訴院では、放火の嫌疑充分なりとして、抗告を認め、有罪に逆戻りをして公判に附せられた、といふ一寸異例な裁判であつた。しかも被告は、未決監に繋がれたまゝ無實の罪だと、泣き續けるので、遂に陪審の評決を待つ事になつたのである。

警察での陳述によれば、其の晩は、十一頃寢て、ねつかれなかつたので、ねた樣な風をして夫にかくれ二時頃こつそり火をつけたと言ひ、檢事局では、ねた樣なふりをしてゐたら、パチ〳〵音がしたので、夫を起したとも、又一ぺん火をつけて眠つてゐた、そしてパチ〳〵といふ音で眼がさめた、とも言つてゐた。

借財のあるのは事實だが、やかましく督促に來る樣なのはなかつた。といふ事が、證人によつて立證された。また、寒子の實家は、相當な財産家で、やはり菓子業をいとなんでゐたのだから、寒子が家へ火をつけるほど金に困る事はないはづであつた。

寒子の家の二階に同居させてゐたもので、行先のわからない男がひとりゐた。その男がなにかの恨みでした所爲とみられぬ事もない。

警察では、寒子の家の木戸がしまつてゐたから、火は內から出たのだと主張したが木戸は明いてゐた。

現場にマッチの燃え殘りがあつた。警察では、それで火をつけたのだといふ。だが、巡査の來た時は現場がぬれてゐたのに、マッチはぬれてゐなかつたから、警察のよくやるこしらへごとだともみられる。

寒子に懸想してゐる男がゐて、しじう戀文を送つてゐた。結婚後も、何かにかこつけては、寒子の家の前を通つたりしてゐた事實。

以上の樣な點から、私は辯護したが、一番問題になつたのは、キハツ油の分量である。

何のために、キハツ油を、買つたか、と言ふと、寒子が、姉から中古の手柄をもらつたので、それを洗ふために、女中に買はせたので、つまらない疑ひを、かけられるのが、いやさに、取調べに來た時、キハツ油をかくしたのであつた。

このキハツ油をかくしたについては「かくすまで、かくさなかつた」こと即ち、最も放火に關係の深い、キハツ油を、巡査の來るまでかくさなかつた事は、とりもなほさず被告の所爲でない證據だとして、同じ點を逆な立場から、辯護した。なぜなら、それは、殺人を犯して、血に塗れた刀を床の間に置くと同じ理くつなのだからである。

警察で、白狀した事については被告は當時、三才の子の母で、家へ歸さぬと言はれる事が辛くて、言へばすぐ歸すといふ手にうつかりのつたものと見られる。

檢事は、被告の勝氣な、激しい性格——例へば、夫と喧嘩してみかん箱を投げつけたり、怒ると編上げたものをほどいたり、認めた手紙を破いたりする——又、法廷に於ける態度等から論じて、峻烈に有罪を主張したが、證人はいづれも被告に有利な證言をした。

最後の公判日は、夕方から停電したので蠟燭の灯のゆらめく中で劇的な幕を閉ぢた。

陪審員の答申書は「然らず」。裁判長のおだやかな、說示があつて證據不充分で無罪の判決が下り、東京最初の陪審公判は、正しく明るい判決によつて終結し、被告寒子をも又、輝やかしい社會に送り出したのであつた。

狂人の死亡から意外！　二年の懲役

これは私の扱つた事件でありますが、千住中組に住む、ある大工の弟に氣狂がありまして、尿の出るのについても感覺がなければ、大便を催しても一向に感じがない。うんこをしたらそれを食べる。小便をしたらそれを飲む。食物をやつてもそれを食べないで糞に混ぜる。全く手のつけられない氣狂でしたので、家人は彼を座敷牢に入れて水を飲ましてゐたのです。食物をやつても攝らないから仕方なしに水を飲ましてゐた。すると漸次衰弱して死んでしまつたのです。

食物を出しても食べないから、水を飲まして置いたといふ譯ですが、斯ういふ場合には醫者にかけて置くことが必要であります。それを醫者にかけずに放置して置いたため警官が聞き込み、檢事局に廻り裁判にかけられ、執行猶豫にはなりましたが二年の懲役を申渡されました。

これは刑法第二百十八條の

「老者、幼者、不具者又ハ病者ヲ保護ス可キ責任アル者之ヲ遺棄シ又ハ其生存ニ必要ナル保護ヲ為サザルトキハ三月以上五年以下ノ懲役ニ處ス」

といふ條文に適用されたのでありまして、法律では不具者であるとか、病人であるとか老人とか子供といふやうなものを保護せねばならぬ責任のあるものが生存に必要なだけの保護を與へなかつた場合は、懲役に行かねばなりません。

又これと同じやうな事件が青梅在に起つたことがあります。自分の弟の嫁が腸結核に罹つて居りまして、何を食はしても不痢してしまふ。どうせ同じことだからといふので、食物を控へさせ、牛乳も水を割つて飲ましてゐたのであります。由來相當の滋養分を攝らせなければならない病氣であるにも拘らず、そんな事をして居りましたので、遂に衰弱して死にました。この場合にも矢張り同じ條文を適用されました。

これは矢張り法律を知らない爲に起つた悲劇であります。然も辯護士が法律を知らないといへば滑稽ですが、往々にしてある事です。

私の知る一人の若い辯護士（特に名を祕す）が或る强盗殺人事件の辯護を引き受けたのでありま

すが、まだ辯護士になり立てだつたので、口角泡を飛ばして堂々と辯論したまではよかつたが、最後に被告が改悛してゐるから、執行猶豫にして頂き度いと辯護したのであります。すると判事は「貴方は一體どの條文によつて執行猶豫を主張するのですか」と逆襲したので、一言もなかつたのであります。又放火犯の場合には減等しても容易に執行猶豫にはなりません。

普通の人が法律を知らずにまごつくのは當り前ですが、專門家の辯護士ですら此のやうに公衆の面前で耻を曝すことが少くありません。

（昭和八年一月）

何故女が罪を犯すか

――女性犯罪の特徴と動機――

近頃の新聞には、色々の女性の犯罪が誇大に報ぜられてゐますが、女性の犯罪は近頃になつて多くなつたのでは決してなく、恐るべきを犯罪した女は昔から數多かつたのです。唯、社會の機構が現今のやうに繁雜でなく、色々の點が異つてゐたため、犯罪の種類も又幾分違つてゐたものと思はれます。然しその動機は昔も今も「色」と「慾」「怨恨」の三つは動かすべからざる原則となつて居ります。

裏面に躍る女

女性の犯罪に限らず、一般犯罪も、すべて生きんとする欲望と色慾が原因となつて居ります。單に「色」だけの場合もあるし、兩方からんでゐるものもある。

昔から「犯罪には女がつきもの」と云はれてゐるとほり、盜賊でも思想犯人でも必ず女が關係してゐるものです。表面に女がなければ必ず裏に女がゐる。

拐帶犯人とか泥棒、殺人、あらゆる種類の犯罪者の捜査には、殆ど先づ第一に女關係からしらべることになつてゐる。

なぜさうすることが有利かと云ふと、拐帶犯人や泥棒は、勿論、生活に困つてやむなく（或は常習的に）罪を犯すのは勿論多いのですが、その他に自分の愛する女の歡心を買ふためとか、遊興費につまつて惡いことをする者も多い。その上、罪を犯した爲自責の念にかられて素面でゐることが出來ず、遊廓に行つてドンチャン騷ぎをしてゐるのも仲々多いので、犯人の所在がわからない時や犯人自體を發見することが難しい時には、先づ情婦（又は妻や母親）やナジミ女をしらべるのが得策であります。

その影の女から糸口を得てたぐつて行けば極惡非道の罪人でも容易に警官に凱歌が上ることになる。そんな例は新聞紙上で屢々御よみになつたことゝ思ふ。

こんな點は、一面女の弱點を物語つてゐると、見ることが出來ます。

一般に斯うした女に例をとつて見ると、女は自分のことは頑强に隱すが、他人のことはたとへ情

人でも、自分の損なことゝなると、すぐベラ〳〵おしやべりする特性があります。その弱點を知つてゐるので、訊問に際して、

「お前がそんなに、あの男のことを思つてゐたつて何もならんヨ、あの男はお前のことなど何とも思つてないんだからネ、證據はチャンと擧つてるんだ。現に△△子と云ふ女とも關係がある」

などカマをかけると「エッほんたうですか口惜しいッ、だまされてゐた。あの男がその氣なら私だつて仕返ししてやる」

と云ふわけでみんなしやべつてしまふ。

さうでなくとも、語り口につじつまの合はない點があると、すぐカマをかけられたり、「かくしたりしてはいけない、お前のためにはならないのだから」

などゝ、それとなくおドカされると一たまりもなく當局の思ふ壺にはまつてしまふわけです。

云ひかへれば、この女の弱點が、捜査する方にとつては、一番ありがたいことになります。

女性の犯罪

女の犯罪者は、日本でも外國でも古今を通じて男性よりずつと數が少い。男五人に女一人、こん

な割合になつて居ります。

なぜ男より少いかと云ふと、

男性に比して社會的に接觸が少い。と云ふことが一番大きな原因になつてゐるやうであります。然し、近來は、女性も一社會人として、どし〳〵進出して來てゐますから、將來に於ては女性の犯罪も大いに傾向が異つて來るものと思はれます。

女性の犯罪を年齢によつて分けると、

一、二十歳前後。

二、四十歳を越した程度。

この二つに大別することが出來る。つまり二十歳前後は、女學校を出たての極く多感な少女時代であるため、男性に關係する犯罪が非常に多いのであります。

四十歳前後の婦人は、若い娘の犯罪とは反對に財産に關係する犯罪が多い。

四十前には子供も小さいし育兒とか敎育とか家庭の仕事に沒頭してゐるものであるが、四十歳位になると、子供は大きくなり、今まで母親本位にしてゐた子供達が次第に社會に對照を求めて行くやうになる。その上に、寄る年波に對する寂寞感等がこんがらかつて、賴りにするのは「金」だけになつてしまふ。

その揚句非常な守錢奴になつたり金錢上の犯罪ををかすやうなことになります。

なぜ再犯三犯をするか

女の犯人が男のそれの $1/5$ だとしたら、再犯者も勿論少いものと、一應考へられるけれども、事實は全く反對で、犯を重ねる者は男より女の方がずつと多い。再犯ばかりでなく六犯以上と云ふ恐るべき犯人をしらべても女が多いのであります。

これはどう云ふわけかと云ふと、

第一に女の方が自暴自棄になり易い。

第二に男よりも社會的な制裁がきびしい。

の二つに原因して居ります。

つまり、女は感情的であるから、一度罪を犯して、それ相應の制裁を受けると、將來の自分のことやいろ〳〵なことを考へてすつかりヤケになつてしまふ。それに世間が相手にしないし、自分の好きな男まで横を向いてしまふ。すつかり生甲斐をなくしてゐるに加へて「女だてら」にと、冷い世間の眼はどこ迄もつきまとふ。

人の妻となつてゐたら、大半は離婚されるであらうし、勤め先は勿論やめさせられる。

斯うした社會制裁に對して、罪を悔ひて志を更め、更生の道を開くなどゝは到底むづかしく只、世を呪ひ、人を恨む。

そして、何處迄も墮落して行くのであります。

美人に犯罪者が多い

昔から美人薄命と云ふが、私共の立場から見ると「美人罪を犯す」と云ふことになります。昔の姐妃のお百でも高橋お傳でも非常に美人であつたと傳へられてゐます。

近々の例で云ふと、お定と云ふ變態的な犯罪者も相當美人らしいやうです。

なぜ美人と犯罪が關係があるか、と云ふと

一、男にもてる

これは犯罪のそも〳〵第一歩であります。美人であるために多くの男とかゝりあひが生じて來る。

それがもつれ合つて罪を犯す結果になる。

その上、美人は多く自分の美を意識するのが強いから常に着飾つてゐたくなる。

この點は金持の娘なら恐らく問題はありますまいが、若し、貧しい娘だつたらッヒ萬引をしたりする。男を瞞して物を買はせる。と云ふことが嵩じて遂には大きな罪を犯すことになります。

二、誘惑される。

これも大きな原因であります。不良少女に美人が多いのはこの點に相當します。

不良少年に誘惑されて以來、社會の裏を渡るコツを習ひ覺えてしまふ。かの「お定」が十二三の少女時代から不良少年と交際し色々な所へ出入してゐたと云ふから、幼にして既にあゝ云ふ罪のもとが芽生へてゐたのであります。

かうした女性は精神的にも性的にも異常に育つて來てゐますから、犯罪者が出來るのは當然と云はねばなりません。

三、一寸した罪も美人なる故にゆるされる。

これは再犯の大きな原因であります。

その罪として、出獄者や、相當の社會的制裁を加へられた者に對しては、一般の人達が出來るだけ親切に導いて、再び罪に墮ちないやうにするのが社會人の任務であるのですから、一旦罪を犯し、役に服して來たものを何時迄も白眼視し、殊に何の罪もない家族（殊に幼い子供達まで）さへ日蔭の生活をしなければならなくなるやうな有様では一度更生を決した者でも否應なしに世間を呪はせ、再び罪を犯させる様な結果になつてしまひます。

それ故一度罪を犯したものに親切に導いてやるのは社會の義務ではありますが、それとは別な意味で

「美人なるが故にゆるされる」

これは大きな問題であります。

殊にチヤホヤする相手が物好きな金持ちやエロボーイであつては決してよい結果に終らないことは勿論です。

實例を擧げると、ある有名な美貌の女優が服役中にも、その家族宛にラブレターやら、「世話してやりたい」等の手紙が頻々と、しかも非常に熱心に申込んで來たさうです。美人なるが故に好事魔が騷ぐ。そして次第に深味に入つて行く。再犯三犯と犯を重ねるものはそれ相當の美人であることを見ても、實にこの點の恐ろしさを考へさせられます。

女性犯罪の特徴

一、體力の弱い結果から。

女性は體力が弱いから、犯罪の特徴として體力をつかはない場合が多い。

つまり

誣告（人をいつはつて告げる）

毒殺

放火

放火は昔から女特有の犯罪と云はれ、八百屋お七のために江戸八百八町が焼けた等は有名なことです。

二、犯罪原因

嫉妬によるものが最も多い。

女性自體が非常に感情的であり、そのために盲目的、衝動的にカッとして事をなす場合が多い。

その上疑ひ深く、執拗で強情であるため、犯罪のやり方を見ても、男よりも陰險で、惨らしいことを平氣でやる。

例を上げると、
先年世を騒がした貰ひ子殺し。

共産黨のリンチ事件。

陰險な例では昔から自分の呪ふ人を人形につくり、夜中に釘を打つて呪つた等はその特徴であります。

三、大膽で意志が强い。

いざとなると、男よりも女の方が冷血で意志が强く、大膽であると共に、警察にあげられてチャント證據が上つてゐるにもかゝはらず仲々白狀しない。一から十まで證據があつて、誰が見ても犯人と思はれるのに、男なら觀念して潔よく自白するところ女は決して白狀しない。

四、月經時の犯罪。

月經時に萬引をする婦人が多いと云ふが、これは事實で、月經のために感情に變化を來してフラフラツと罪をおかす。又月經時にヒステリーを起して慘忍なことをしたりする例は、いくらもあります。

どうして女性犯罪を少くするか

一言で云ふのはむづかしいが。

将來如何にして犯罪者を少くするかと云へば矢張り家庭と、教育と施設によるより外に方法はありますまい。

どうしても「家庭」と「學校」と「社會」及び「當局」と連絡して教育をほどこし、社會の人々が互に同情を持ち、援け合つて、そして又色々の設備を以て罪の芽生えを事前にふせぐことが最も大切であると思ひます。

又、一度罪を犯した者に對しては社會一般の人々がもう少し同情を以て接し、殊に何の罪もないその子供達や家族をまで何時迄も特殊扱ひするなどは、當人を自暴自棄に陥入らしめると共に、家族をも道を過らせる結果になります。

當局に於ても、犯罪者に對しては積極的に更生の道を拓いてやるとか、尚、研究すべき數々が殘されて居ります。

（昭和十一年九月）

満廷皆泣く

本年の春のことである。一枚の新聞紙を持つて五十恰好の男が私に面會を求めて來た。

「實はこの新聞に出てゐるのですが、私の友人が、子供を殺して、自らも夫婦心中を圖つたけれども、自分だけが死に切れず、たうとう警察の御厄介になつて、近々裁判があるのです。是非一つ、助けると思つて御辯護を願ひたい。」

と、泣くやうにして頼むので、その新聞を見、その人の語る始終をきいて見ると、なるほど氣の毒である。で、私はこの事件の辯護を快く引受けることになつた。

愈々この事件の豫審が決定し、一件書類と共に公判に附せられることになつた。公判廷に於ける被告の申し立によると……

本人は大木松太郎といつて、當年五十八歳、東京府下大井町に住む洋服裁縫師である。彼は大正十年十月、水田キサと結婚したのであるが、キサには一人の連子（先夫の子）があつた。直一といつて、五つの時腦膜炎を患ひ、聾で吃りの低能兒であつた。馬鹿な子程可愛いゝとか、夫婦はどうかして癒してやりたいと、醫者にもかけて百方手を盡してはみたが、捗々しくなかつた。

結婚當時、被告は獨力で洋服裁縫業をやつてをつたのであるが、あの大震災に店舗を燒かれてしまつてからは再び店を開くことが出來ず、ある洋服店に雇はれて、僅か五十圓位の月給で漸く三人の口を糊してをつたのである。而も、折の惡い時には惡いもので、昭和五年の九月頃から、女房キサが、今度は肺炎に罹り、どつと床に就く身となつた。色々と手を盡した甲斐あつて約一ケ月の後、キサの病氣は全快したけれども、さなきだに薄給で生活に追はれてゐた一家は、これがために多額の借金を背負はねばならなかつた。米屋から炭屋、味噌醬油の支拂に至るまで滯りがちであつた。親戚、知己からは、旣に借りられるだけの金は借りてゐる、もうどうしやうもなかつた。どうかして借金の苦しみだけでも逃れようともがいた。

偶々、折柄の不景氣風のあふりを食つた雇はれ先の洋服屋では、仕事もぱつたり減つたので、たうとう彼を解雇した。定收入のあつた今までさへ生活難に追はれて來たのに、失業者となつた今はもう二進も三進もゆかなくなつた。職業紹介所にも通ひつめた。友人、知已にも賴み廻つた、新聞廣告をも出した。併し、不況に喘ぐ世の中には、減員、減俸をこそすれ、新しく、人一人を雇はうとするやうな所は、廣い東京に一個所とてもなかつた。

悲觀、生活難のどん底に落込んだ一家を、更にたゝきのめすやうな悲痛な出來事が起つた。それは息子直一の通つてゐる大井の某小學校の運動會の日であつた。待ちに待つて、前の晩など碌々眠れない程樂しみにしてゐた運動會、直一は勇んで登校した。あゝ、しかし低能兒なるが故に、直一の參加は許されなかつた。折角樂しみにして行つたのにこの屈辱、直一は泣く〳〵歸つて、このことを兩親に訴へたのであつた。どうかして人並の者に育て上げたいと氣遣つてゐる矢先にこんなことが起つたのだ。兩親、特にキサの我が子の不遇を悲しむことは一入深く、自分等はどうしてこんなに不仕合せな身なんだらう？　生活上困るのはまだしも、たつた一人の息子さへ、世の中から斯くも虐待を受けるとは……。

こゝに於てキサは、夫松太郎に、重ね〴〵どうしてこの一家に不幸、不運が起つて來るのだらう。一層のこと死んでしまつた方が……それにしても、あの子一人を遺して死んでは、一層先が思ひやられる。どうせ死なぬなら、直一をも殺して、その後で自分等が死ぬことにしてはと說いたので、愈々一家心中の決意を固めるに至つた。目星い家財道具は、もう總て質屋へ入つてゐるが、わづかに残つた鍋、釜なども賣拂つて、心殘りなく死なうといふので、幾許かの賣上を懷中に、親子三人は最後の樂しみを求めて淺草へ向つた。そして先づ第一に觀音樣にお詣りをして、軈て死ぬ自分等の冥福を祈つた。それから、一生の思出にと、直一には生れて最初のそして最後の活動寫眞を見物させた。次に、財布の有りつたけ叩いて彼等にしては第一の珍味であらう天丼を食つた。活動も觀せた、御馳走も食はした。がたゞ一つ、直一はまだ宮城を拜したことがないといふ。それではと、電車に乘つて馬場先門まで來て、廣場から宮城を遙拜した。これでもう心殘りはない。夜も大分更けた九時頃、三人は大井の自宅に歸つて來た。

先づ夫婦共同で遺書を認めた。

○三人してまつ直ぐの道をゆたかに春の旅

○まつ直ぐに道をゆたかに春の旅

和歌とも俳句ともつかないが、三人一緒に、遠い〳〵十萬億土の彼方にあるといふ極樂へ、勇んで旅立をするのだといふ意味であらう。それから、すや〳〵と無心に眠る直一に今日まで人手に渡さず取つてあつた晴れ着を着せた。子供の帶を頸に卷きつけて、夫婦で兩端を引つぱらうとしたが、とても電燈の下では忍びない。やうやく心を鬼にとり直し、電燈を消して眼をつぶり思ひ切つて引つぱつた。軈て窒息死に至つた頃を見計らつて電燈を點け、死骸を北枕に直し、兩手を胸の上に組んだ數珠を持たせ、腹の上に魔除の剃刀を載せて、枕許に線香を立てた。そして、子供の不幸、不遇をかこち、親も親甲斐のなかつたことを詫びて、泣きながら冥福を祈り續けた。

夜も更けて愈々自分等が死ぬ番になつた。淺草で買つて來た四本の大きな釘を部屋の北と南とに打ちつけ、互に目隱しをし、子供を締殺したかの帶を頸に當てがひ、合圖諸共踏臺を蹴つた。ところが、キサの方は何等の故障もなく一思ひに落命することが出來たが、松太郎の方は體が大きいから、紐が切れてしまつた。更にもう一度別の紐で試みたが、今度は釘が折れてしまつた。女房の顏を掩うた手拭を取つて見ると、もう眼をつぶつて死んでゐる。外は折柄盆を覆すやうな大雨である。室内には線香の煙が立罩めて、可愛い妻と子が安らかに眠つてゐる。松太郎は心をいら立たせた。豪雨を冒して、程近い海岸に駈けつけて、眞暗な深夜の海に身を投じた。併し、幸か不幸か、こゝも淺瀨で死なしてはくれなかつた。びしよ濡の體で這上り、あちこち死場所を物色してゐる中に、「ちよつと待て!!」といふ立札が目についた。その瞬間、はつと我に返つた。彼は無我夢中で近くの交番に自首して出たのである。

本事件の公判は、小林裁判長、山田檢事係りの下に、東京地方裁判所刑事第一部に於て開廷された。失業と生活難、それに絡んで不具な子供に對する親心からの一家心中事件であるだけに、傍聽者は立錐の餘地もないまでに殺到した。松太郎が如上の顚末を述べるや、折柄傍聽に來てゐた某女學校生徒の一團は、聲をあげて泣き出した。一般の人々の間からも、歔欷の聲がきこへて、判事さへも顏を上げ得なかつた。被告の陳述が終るや、檢事は懲役三年を求刑したが、情狀酌量によつて、結局二年の懲役、但し二ケ年間刑の執行を猶豫する旨の判決言渡があつた。小林裁判長は、最後に、男子たるものがそんな意氣地のないことでどうするか、死んだつもりで懸命に働いたら、何だつて出來る筈ではないかと、諄々と說きかせた。松太郎は、感激の涙をたゝへながら、今日を以て更生の第一日として、發奮努力する旨を誓つて退廷した。

その後彼は、全くの死物狂ひで働き、月月借金を返しつゝ、相當の暮しを立てゝゐる。最近、「お蔭樣で自分も更生してこの通りです。」と私の許へまでわざ〳〵禮を述べに來た。死ぬ程の覺悟があつたなら、どんな苦難にも堪へられ、また、どんな逆境をも切開いてゆけることと私は信ずる。

（昭和七年十一月）

女が泣いて居ても法律は斯んな風だ

――男女係争に心得置くべき法律知識――

女は三くだり半的存在、今後はどうなるか

今でもよく口にされる「三くだり半」は徳川時代に使用した離緣狀で、妻の承認不承認は問題でなかつた。御參考の爲め一例を揭げることにしよう。

りえん狀

一、その方こと我れら勝手につきこの度びりえん致し候。しかる上は向後いづかたへ緣づき候とも、差しかまへ無是よつて如件

月　日　　　　　　半　七㊞

おかつ殿

「我ら勝手につき。」と云ふのは今日の都合によつてと云ふ程の意義であるが、何等理由は明示しないのである。甚しいのは「心にかなはず候に付き」と單に氣に入らぬと云ふ程度に書いたものがある。江戸時代三百年の妻たちは是れ位に待遇されても忍んで居なくてはならなかつた。今日では後に說明するやうに變つては居るが、遂に三くだり半的存在に過ぎないやうである。誰でもが知つてる大寶令では結婚に關して「七出三不去」と云ふのがあつた。それを說明すると、

七出（離婚する條件七ツ）

一、子無し
二、品行惡し
三、舅姑を大事にせず
四、お喋べりである
五、竊みをする
六、嫉妬深し
七、惡疾を持つ

是れ等の一つがあつても離婚の理由になつたのである。「子無きは去る」はこの時代の遺物である

が、次に離婚出來ない場合があるから揭げることにしよう。

三不去（離婚出來ない條件の三つ）

一、舅姑の喪を務め上げた女房

二、主人貧乏な時貰つた女房

三、實家が無くなつた女房

この一件に當つても離婚は出來ない。所謂「糟糠の妻」は離婚出來なかつたのだから愉快である。この樣に時代々々によつて、その法律は變つてゐるのである。そこで暫らく女性の歷史を見ることにしよう。男女關係の歷史は大別すると原始時代は婦人の時代があり、母權が男性を抑へたものであるが次に父權時代が來た。法律はこの時代に男子に依つて作られたものである。

原始時代には古事記にも見える如く、黃泉の國から醜女の女軍が出たりして、女が非常に强いのであるが、神武天皇御討征の折にも諸方に女を酋長とする種族が居たことが見えてゐる。男子專制の時代は今日まで續いてゐるもので、女子には不利益であり、男子は外に働らき女子は内に働らき、全然從屬した地位に居るのである。

第三の時代が又今日始まつて居るものゝ如くである。それは男女が協調する時代で、男子專制の時代に出來た法律の改正に依つて、女子の地位を向上しようとしてゐる。婦人運動によつて男女同權が主張され男子同様の權利自由を要求してゐる一方、エレンケイ等は婦人の獨自性を主張して、水準を男子と均等にしようと運動もある、結局、文化の要求から云つても、將來は圓滿な協調の生活が來るのであつて、從つて婦人も男子と對等の人格が無くてはならぬ、是等を考へ併せて見ると將來の法律は斯の方面に進路を取ることであらう事が豫斷されるのである。既に今日それが男女の係爭に現れて來て居るが、將來相當繼續するであらうから、女は一應心得て置くべきである。

結婚と離婚の問題

內緣でも慰謝料がとれた話

最近では若い青年男女が戀愛結婚を主張して、親がこれを許さぬ爲め、正式の結婚が出來ず「內緣」と云ふ夫婦關係が非常に多い。男子滿三十歳女子滿二十五歳にならぬ以上、戸籍の上で手續きする爲めには斷じて親の承認が要る、是の手續きをしないのが內緣の夫婦關係で、正式の結婚でさへ女は保護されて居るとは云へないのに、內緣に於ける妻は何時何處で棄てられるか判らないと云ふ淋しい地位にある。今日未だ棄てられても默つてゐる女が多いが將來女權が伸張するにつれて、この係爭は多くなるであらう。

大正四年に大審院で、婚姻豫約不履行に依る慰謝料と云ふ判例を作つてから、內緣の妻が見殺しにはされなくなつた。其れまでは、戶籍の這入つてゐない妻は、何をされやうと文句の云ひ所が無かつたのである。

內緣關係でも慰謝料がとれる爲めには、相當の條件が要る。第一に單なる野合であつては駄目である。儀式は擧げなくとも、少くとも男女が誠心誠意をもつて夫婦約束をし、同棲して居なくてはならぬ。妾は全然左樣な可能性は無い。この內緣關係で追ひ出される場合慰謝料が採れるのである。又、何時までも入籍しない場合は、豫約不履行で慰謝料がとれるのは勿論、虐待されて同居に堪へず、妻が家出した時もとれるのである。

慰謝料七百圓とつた內緣の妻

自動車の運轉手の內緣の妻が、夫の虐待に堪へず家出した。その理由は、お前みたいな汚い顏した女を妻にしてると、仲間に對し肩身が狹いから出て行けと何時も云はれたことに始まる。ある日など情婦から手紙が來てたのを、妻が開いて見たと云つて、毆つたことがあり、又夫が疲れて寢て居るのを見ると、枕のカバーが外れてゐる、これを直してやらうとすると、

「手前なんかに、今から、俺の頭を自由にされて堪るか。」

と毆るのであつた。それやこれやで同居に堪へず泣く泣く實家に歸へつた。毆られたお蔭げで一週間も實家で寢てたこともある、と云ふのであつた。この內緣の妻が訴へて、裁判の結果七百圓の慰謝料を彼女に支拂ふ義務あることが判決された。

この場合は慰謝料がとれない

慰謝料は最高一萬圓位、百圓位から五百圓が普通であつて、千圓以上は滅多に無いのである。華族にもてあそばれた小間使ひが、四年間關係を續け、子供が出來さうになると相手が逃げると云ふので、七千圓の慰謝料をとつたのがある。併し、次のやうなのはとれないのである。

▲お互ひが相談ずくで別れた時

夫婦がお互ひに厭氣がさし、別れよう別れませうと相談づくで別れたのは、慰謝料はとれないの

である。

○夫を侮辱した場合

ある養子へ嫁いだ女が、單なる想像から、夫と養母が關係がある等と口走り、近所に云ひふらし、果ては玄關に貼紙して、こゝの亭主は養母と關係があると書出した。これを持て餘して夫は離縁したが、妻は慰謝料を請求し裁判になつた。無論とれなかつた。

○内縁の妻が不義して離婚

要求するのが可笑しい。夫から返つて損害賠償をとられるであらう。

次のやうな話がある。夫婦約束した女が、男を棄てたので、男は婚姻豫約不履行による慰謝料を女に對して要求し、百圓か百五十圓とつた。だから慰謝料がとれるのは。女ばかりと限つたことでは無いのである。

今日内縁の妻ほど哀れなものは無い、出戻つて一生淋しい生活をしなくてはならない危險に常にさらされてゐる。一時の生活を支へる慰謝料を是非とれるやうにしたいものである。

詐欺結婚で損害賠償五百圓

近來詐欺結婚はよく新聞紙上で散見するところだ。女蕩らし、色魔等の字も使はれ、最近では××蘭童などと書いてゐるが是等は始めから結婚の意志なく、女を弄ぶので刑事問題になる場合が多いが、女の方から貞操蹂躙に依る損害賠償をとつた例がある。

昭和三年のことであるが、ある男が、齒科醫の免狀があり、母と二人暮らしだと云つて女と內緣關係を結んだ。一年間同棲したところ、男には妻子があり、齒科醫なんて噓つぱちだと云ふことが判つて、訴へたのである。ところが男曰く「正妻の方は離婚の手續きをしたし、內妻を戶籍に入れる積りであつた。女の方で勝手に家に歸へると云つたので、損害賠償なんてもつての外だ。」併し是れは裁判所の認めるところとならない。

一方女の方は二十九歲で、その前に二度も結婚した經驗があるのに、男の戶籍を調べなかつたと云ふ落度があるので、五百圓の貞操蹂躙の損害賠償と云ふ判決が下つた。

正式結婚に於ても、幾ら妻が別れたくなくても、不義、親を虐待、夫を侮辱した場合は離婚されても文句が云へないので、內緣よりやゝ增しな位のものである。現在日本に於てはかうした離婚が約一割あるのである。

貞操蹂躙の問題

近時、會社の重役がその地位を利用して、女事務員の貞操を蹂躪し、女中を主人が×するのは非常に多い例であるが、非常に機微な問題で、强×にはならぬ場合が多い。而かもその關係が二回三回と續いた以上、その後で棄てられても、貞操蹂躙には違ひないが、罪にはならぬのである。若し自由にならなければ馘にすると云ふ卑怯なやり方で、不都合であるから、將來必らず慰謝料をとれるやうにして、是等の横暴な男性を懲らしめたいものである。少くとも未成年者の女の場合、罰せられるやうになるべきであらう。次のやうな話がある。

看護婦が醫者からとつた慰謝料七百圓

ある醫者で、看護婦の寢室に侵入したのである。醫者は五十歳近く、看護婦は二十であつた。そして抵抗する相手に構はず自由にしてしまつた。女は怒つて慰謝料を要求し、七百圓をとることが出來た。

親子の問題

以上のやうな女の位置からして、私生兒と云ふ問題が出來て來る。それを父たるべき男が認めない場合、認知の訴へをする。

○私生兒は斯うして認知される

出產の時日から想定するものであるから、姙娠の當時情交關係があり、母親の品行正しく他の男との關係が無いことが立證されなくてはならない。その時始めて、子供の訴へが有効となり父の戸籍に入ることが出來、嫡出子が居ない場合は、相續權を持つのである。

血液型鑑定によつて認知さる

大阪であつたことだが、妾の子で私生子である。彼が百萬長者である父を相手どつて訴へると、父は「左樣なものは知らぬ」と頑張つたが、金澤醫大に於て血液型が同じであることが鑑定され、子供の云ひ分が通つた。

ところが、父が生きて居なくては、認知出來ず、永久に私生子として止まらなくてはならぬ。このやうな話がある。

認知の訴へをした子供が、第一審第二審で勝つたが、父の方で抗訴して、大審院に廻つた。ところが突然父が死んだのである。第一第二審では勝つてゐながら、その子供は永久に私生児として、庶子にはなり得なかつたと云ふのである。

墮胎・不義の問題

是れらは刑法の問題となるが、そうした犯罪方面で女に多いものは殺人放火である。然し是等の女の犯罪は、多くは男子の横暴な處置から來るもので、實に氣の毒なものだ。例へば夫が外に女をつくり、是れを怨んで夫を妻が殺すのである。夫が女を外に作つたことが、妻が外に男を作つたこと程罰せられないので、女の方は斯んなことを仕出かしてしまふので、自分も同時に死ぬ覺悟をしてゐるのに、夫の死を見て茫然とし、つひ死におくれたところを捉へられる、と云ふのが非常に多いのだから可憐である。

墮胎による損害賠償の要求

墮胎罪は近來議論の餘地があるとされ、研究されてゐるが、徳川時代には中條と云ふ職業があつて、産婆の如く公認されてゐた。現在伊勢、千葉の方でひそかになす者が多いと聞いてゐる。併し、生活の問題からばかりでなく、不義密通の結果なされるのが大多數を示してゐるのは遺憾である。最近産兒制限運動が盛んになり、許すか許さぬかが問題になつてゐるが、外國では或る場合を許してゐる。我が國でも、出産が母胎を危險にする場合は墮胎を許してゐるが、他の理由による一切は罰せられるのである。

ある産兒制限で有名な醫者が、墮胎罪と同時に、その母胎である女から損害賠償の要求をされてゐる醫者と、女の情夫が、女が承諾もしないのに關はらず、墮胎したと云ふのである。男と醫者は無論墮胎罪になつたが、その後のなりゆきは未だ判然しない。

姦通罪は女だけか

將來世の中が男女同權になり、女子の地位が向上すると、男子のやることは女子もやると云ふので姦通罪が多くなるに違ひない。男子にも姦通罪が適用せられる時代が來ないとも限らない。大正十五年、大審院の判例に、——夫も妻に對して貞操を守る義務あり、と云ふのが現れたことがある。フランスに於ては、妾を女房と同じ家に入れて生活すると姦通罪として男が罰せられるが、一方英國では姦通罪と云ふ項目が無くなつてゐる。或ひは日本も無くなるかも知れない。

婦人を保護してる法文

大體以上で、最近の判例によつて、法律の知識を與へたのであるが、勿論專門的に云へば到底少數の紙上では盡すことが出來ない。只法律の上では、如何に女が保護されてゐないか、されてゐるとすれば何の程度かを掲げたのに過ぎない。

妻が他人から金を借りた場合、夫が認めてゐなくては其の貸し金は意味をなさないと云ふことが民法第四條第百二十條に見えるが如く、妻は一人格として認められては居ないのである。少しく婦人を保護してるかに見える條項を上げて見るならば、貞操蹂躙、慰謝料等の問題が民法第七百九條、七百十條にあり、妻を扶養する夫の義務は第七百八十九條第七百九十條に見えてゐる。第八百十三條では離婚を規定し、第八百三十五條では私生兒を庶子にする場合が見えるのである。兎に角、法律はあまり女にかまつては居ないのである。第八百七條の如く、妻の婚姻前からの財産は妻のものであると云つても、夫が監理することになつてゐるので、事實上は妻は一人格をなして居ないのである。

是等を改正するためには、婦權を擴張すると同時に、一方泣き寢入りしないで、一應正義を主張し、同じ運命に泣いてる女性のためにも戰つて見るべきであらう。そうして部分的にも一歩一歩と向上し、婦人保護の法律を設けるやうにしたいものである。

新版賄賂豫防讀本

○一旦收賄の嫌疑をかけられると、良人は一生を棒に振り、一家は悲慘のどん底に沈まなければならぬ。

實際は賄賂を取つてゐなくても、ちよつとした不注意から嫌疑をかけられると、良人は未決監に收容され、晴天白日の身となるまでには數年もかゝり、やがて嫌疑は晴れても、その間に失つた地位と信用を囘復するのは、なか〱容易ではない。惡くすると、そのまま浮び上れないで、罪のない愛兒と共に、貧苦のどん底に突落されるやうな、恐ろしい結果にもなる。

○收賄豫防は、夫婦協力しなければ、效果を收めることはできない。恐ろしい誘惑の魔の手は、搦手から忍び込む。

贈賄者は「如何にしたら受取るか。」といふことに頭腦を働かす。そして、主人の不在中に主婦に贈るのが、一番有効だとしてゐる。主婦は直接生計を切盛りしてゐて、生活苦の切實な體驗者だから、不時の收入につい手が出易い。殊に、家計が不如意の際や「これをお子供さんに……」など〜言はれた場合、主婦がこれを斷るのには、よほど強い意志の要ることである。憎むべき贈賄者は、この弱所を狙ふ。だから、主人だけがいくら用心してゐても效果がない。

○贈賄された金品は、間髪を入れずに返さねばならぬ。

主人の不在中、主婦は事情が判らぬため、「一應お預りしておきます……」と言つて受取る場合が少くない。そしてつい手をつけて、主人の知らぬ間に費消されることがある。また、「そのうちに返さう」と思つて延び〳〵になつてゐる間に、事件が持上つて、それから返したのではもう遲いことがある。贈賄された金品は、一刻も家に留めておかぬこと。

○贈賄の金品を返すには、全部返したといふ證據が、ハッキリ殘るやうな方法で返さなければ役に立たぬ。

返しても返す方法が拙いと、後で問題が起つたときに、痛くない腹を探られ、辯解になかなか骨が折れて、非常に不利な立場におかれる。多くの疑獄事件で、何年か後に無罪になつた人の中には、もし賄賂の返却の仕方をもつと手際よくやつてゐたなら、あんなに苦境に陷ることはなかつたであ

らう。と思はれるやうな例が澤山あつた。返すときの要件としては、
(イ) 返したといふ證據を殘すこと。
(ロ) 貰つたものゝ一部分ではなくて、全部返したといふ證據を殘すこと。
(ハ) 送り返したといふ證據だけではなく、それを先方が受取つたといふ證據まで殘しておけば最も安全。

右の三つの證據があれば、嫌疑はその場で晴れる。多くの場合(イ)(ロ)だけで充分である。

○贈賄の金品を書留郵便で返しただけでは、賄賂を取らなかつたといふ證據にはならぬことがある。これには東京市教育疑獄で苦い經驗を嘗めた人がある。例へば、百圓の商品券を贈られて、これを爲替に組んで書留で返した場合郵便局でくれる受取證は何か送つた證據にはなるが、「お前は百圓券を貰つて拾圓券を返したのだらう。」と檢事に訊かれたとき、辯解のしやうがない。だから、返却した金品の量と內容を明示するために、金錢なら「價格表記」で、物品なら「內容證明」で「御贈物全部お返しする。」旨の書面を添へて、そのうへに、先方へ、「返して貰はぬ」といふ抗辯の餘地を與へぬために、「配達證明」にして送れば、金城鐵壁である。

○使ひの者に返すときには、贈主にもその旨通知しておく必要がある。

使ひの者や、贈賄の仲介をした者に返したなら、贈主にも返却した旨を通知しておかぬと、途中で横領されて、表面收賄したやうな形になつてゐて、嫌疑を晴らすのに困難した實例が澤山ある。
○贈賄品は上官に屆け出て官廳の手を通じて返すのが、最も公明正大である。
疑獄事件頻發に惱まされた鐵道省では、「本省ニ於ケル自肅申合」といふ、一種の疑獄豫防讀本を編纂して、從業員に配布したが、その中に、「賄賂を貰つたらスグ上官に屆けよ。役所から官費で贈主に返してやるから。」とあるが、これは名案である。自分で返した場合も、一應上官に報告しておいた方がよい。
○中元歳暮に名を藉りた贈賄を、特に警戒せよ。
贈賄者は、よく、中元、歳暮、香奠、お祝等の名目で、賄賂を贈るものである。受取つた方がそのつもりでゐても、金品の額と身分によつては、賄賂でないといふ辯解は許されぬことがある。多くの收賄者が、この手を用ひて罪を免れようとするが、俊敏な検事からいつも尻尾を摑まれてゐる。

社交上の中元、歳暮や、香奠、祝儀には、常識で考へて、自ら限度があるもので、例へば、百圓のサラリーマンが、五十圓の歳暮を貰つたのでは、社交上の儀禮とはいへなからう。或は十圓でもいけないかも知れない。そこは健全な常識の判斷に俟つより他はないが、たとへ少額の贈物でも、懸念のある先からは貰はぬが安全。

○禮儀上突返せぬ場合はどうするか？

贈主が、贈賄といふ意味ではなくて、本當の眞心から贈つたものまで、書留配達證明附で突返すのは、禮儀上どうかと思はれることがある。さういふときには「お返し」として、それだけの額の物を贈つておけば、氣も濟むし、後で問題にもならぬ。貰ひ放しは收賄と同一視されることがある。

○利權關係のある先から金を借りると、利息をつけて返濟するつもりでも收賄として罰せられる。「貰つたのではなくて借りたので、しかも利息をつけて完濟してある。」と言つても、近頃は通らなくなつた。何故なら、若しそこから借りねば他からは借りられなかつたかも知れないから、やはり金融上の利益を受けたことになる。金錢授受といふやうな、ハツキリしたことでなくても、たゞ便宜を與へられたゞけでも、收賄と見なされるやうになつた。

○賄賂は、貰ふときに何も頼まれなくても、また利權を與へなくとも、たゞ貰ふだけで罪になる。

貰ふ約束をしたゞけでもいけない。

たゞ貰ふだけで、何も頼まれたわけではなし、別に利權や便宜を與へてやるわけではないのだから、差支へなからうと思ひ易いが、貰ふそのことが罪になるのであるから、いつ如何なる場合でも貰ふべき筋合でない先から物を取ることは、絶對に愼まなければならぬ。また貰ふ約束をして實際はまだ貰はなくても、賄賂約束罪として罰せられる。

（昭和十一年十二月）

交際の上手下手

世の中に交際ほど六ヶ敷いものはありません。

こういふ私も、至つて不得手で、それに就て彼此お話するなど、大それたことですが、たゞ、私が今まで世に處して見聞して來た中で、これは秘訣だ、これはうまい戰術だと感じた二、三をお話ししたいと思ひます。

凶事の場合親切を盡せ

われ〳〵が交際する上に於て、一番感銘を與へ、感銘を受けるのに、慶び事と悲しみ事のある場合でせう。殊に悲しみの場合、吉凶で云へば凶の場合に同情を寄せ、出來るだけの親切を盡すことこれが非常に意義のあることであり、感銘を與へるものであります。

現代の社會を見て居りますと、或る人が大臣になつたといふと、早速慶びに行く、ワイ〳〵押しかける。然しその人が官を辭めた時に、悔みに行く者が幾人あるか、ないではありませぬが、割合に尠い。慶びの時はワーッと行くけれども悲しみの時はあまり行くことを希望せぬ、これは餘程考へねばならぬことゝ思ひます。

その家に不幸があつた場合、例へば子供が死んだとか、病氣で死ぬる生きるの際に盡した親切、これは大變に尊いもので、特に感じが強いから特にやれとお勸めするわけではありませぬが、人間として交際をやる上に於ては、慥に秘訣の一つに違ひないと思ひます。

この點に就いてわれ〳〵が模範としたいのは、先頃物故された法學博士花井卓藏氏であります。博士は凶事に際して親切を盡されること非常なもので、斯う言つては何ですが、博士はどちらかといふと癇癪持の人で、多少非難されるところがあるのですが、それでも尙ほ世間から非常な尊敬を受けられた所以のものは、博士が一面に於てさういふ美德を持つて居られるからであります。手近い例を申上げますれば、博士のお宅に渡邊澄也といふ弟子が居りましたが、不幸夭折しました。その際に於ける博士の親切心の現れは非常なもので、一切の世話を一手に引受け、湯灌までも博士自身の手でされたのには、傍の人悉く感動したといふことであります。

又友人關係では元司法大臣の横田千之助氏、この人は生存中は相當に政治家として活躍しましたが、一朝逝くなつて見ると後は借金の山で、遺つた人は殆んど途方に暮れんとしたのですが、そこへ飛込んだのが花井博士で、實によく面倒を見、その借金の整理などに奔走しました。博士が金を出されたのかどうか、そこは知りませぬが、その世話をされること非常なものでした。

相手の立場を考へよ

これは社交の中に屬するかどうか分りませぬが、私は始終斯う思つて居ります。人間といふものは、兎角自分を中心として、自分のことばかりを考へ、他人の立場に就いてはあまり考へませぬ。然しわれ〳〵生存の上に於ては、交際されゝばされる程、相手方の立場を考へてやることが必要であると思ひます。さうすれば交際といふものは實に圓滿に行くものです。

例へば現在の家に書生が二人居りますが、その一人の書生は莫迦に勉强する男で、朝から晩まで勉强して居る。それで家の用事で呼んでも、三度目に漸く來る位、電話を掛けろと言ひ付けても、丁度勉强最中ではきりの所まで終つてしまはないと掛けない。それで親類や友人がこれを見兼ねて、何の役にも立たぬ書生を置いてどうする、取替へなさいと言つて吳れるが、私は何時もそれに答へて、イヤ、それは御尤もだが、然し書生の身にもなつてやらねばならぬ。それは朝から晩まで働いて呉れゝばいゝけれども、彼等も學問をするのだ、さう朝から晩まで使はれ放しでは仕方がない、マア出來るだけ勉强させてやらう、と言つて居ります。すると、書生は又書生の方で、都合さへつけば私の爲めに親身になつてやつてくれます。これは何より美しいことゝ私は信じてやつて居ります。さうして相互に讓つて行けば、一家平安であります。

相手の立場になつて考へれば、何事に於ても腹は立たない。例へば金を借りに行きませう、なかなか貸して呉れまい。普通なら、これが癪にさはる、甚だ怪しからぬといふ所ですが、先方の立場になつて考へるとどんなものでせう。あの人は金持であるだけに、金を借りに行くのは自分一人ではない、方々から借金を申込むであらう、これを一々諾いて居つては、如何なる大家でも沒落してしまふ、それだから貸さないのであらう、又事實金持の立場はさうなのですから、さう考へれば別に腹も立たない。

これだけ困つて居るのに助けて呉れぬ、怪しからぬと、自分の方ばかり考へるとさうなるが、これは必ず相手方の心持になつて考へることが大切です。

貸借關係は止すべし

金錢の貸借は、出來る限り避けることが必要です。これは友人であればある程借りにくゐもので すが、よし相手の氣持を惡くしても拒絶する方が友交關係を維持できませう。ですから友人間の貸借關係は止すこと、若し貸すなら、それはやると思へ、斯う考へて戴きたいと思ひます。子供が入院した、妻が病氣だ、どうか助けて吳れと言はれた場合、それを貸さないのも不人情ですから、貸してやるのもいゝでせう、然しそれは貸したといふ氣持にならないで、やるといふ氣持になれば、腹も立たない。これは例を擧れば限りがありませぬが、要するに十年の友も單なる貸借に依つて壞れることが間々ありがちのものですから、大いに氣を付けねばならぬと思ひます。

長所を褒めよ

世の中に處し、人と交際するに就いて、相手方を褒めなければならぬ場合が可なりありませう。この褒め方も實に六ケ敷いものですが、要は長所を褒め、短所を褒めないといふ所にあると思ひます。例へば一人の美人があるとします。その美人の一番いゝ所は、鼻筋が通つて口許いゝ、又美人自身もさう思つて居ります。さうして耳がよくない。その場合、鼻を褒め、口を褒めれば、これは本人の思つて居る壺通りのことを褒めるんだから、成程と、その美人は喜びませう。ところが、自分の耳は悪いと思つて居るのに、あなたの耳は實に立派だとやつてごらんなさい、その美人は、私を馬鹿にして居ると憤慨するでせう。ちよつとした褒め方で、その美人に對する感情には大變な差のあるもので、社交上大いに褒め方には心すべきであります。床の掛物などは殊に六ケ敷いもので、僞物をつかまへて、これは立派なものだと褒めても、若し先方の人が僞物たることを知つて居れば、これ亦變なものになるでありませう。ですから、褒めるには勿論長所を褒めるべきですが、自分が見ていゝと思つた所、それは他人が見てもいゝに違ひないのですから、本當にいゝと思つたところを褒めるのが宜しいと思ひます。

訪客は心して待つこと

これも交際の秘訣の一つでせう。訪客は心して、充分の親切心を以て迎へねばなりませぬ。これに就いては現在の樞密院副議長平沼騏一郎氏を學ぶべきでありませう。あの人は「何日何時にお伺ひしたいが」と電話で通じて、若し「お出で下さい」と言はれた以上は、その時刻に訪問すると、寒い時であれば部屋を暖めて、火鉢には火が入れてある、座蒲團は敷いてある、茶は直ぐ出るやうにしてある。即ち何時來ても構はぬ、貴下のお出でをこの通りお待ちして居るといふやり方でありますが、人を遇するにはそこまで行かなければならぬもので、訪客はみなこの平沼氏に敬服してしまふといふ、これは私共が参考にして、大いに價値あるものと思ひます。

始終にこやかであれ

にこ〳〵主義、これは私が是非共皆さんにお勸めしたいことでありまして、現代のやうな複雜な時代になつて來ると、始終にこ〳〵して居ることが大切です。にこ〳〵して惡く思はれることなく、總てが圓滑に行くものでありまして、にこ〳〵して人に接すること、これが人間交際上一番必要なことであると思ひます。その意味に於て私は鏡に向ふことが、非常に有効なことゝ考へて居ります。この鏡に向ふことは私の年來の主張ですが、私は元來がなか〳〵怒りッぽい人間でありまして、ちよつと怒つた時に鏡に映して見ると、その時の顔ほど醜いものはない、自分ながら愛想をつかすのですから、他人樣から見た日には嘔吐を催すやうな感じがするだらうと思ひます。ですから私は始終鏡に向つて自分の顔を直して居りますが、これは非常に必要なことゝ思ひます。現に外國の發達した刑務所に於ては、梯子段の一つ〳〵に鏡が置いてあります。すると鏡に接する度に自分の醜い顔が映る、精神は總て顏に現るゝで、惡い考へを持つた時は何となく陰險な顏が現れ、愉快な精神のある時は愉快さうな顏が現れる。あゝいふ囚人連中も、鏡を見ては惡い考へが起らぬであらう、さういふやうな意味に於て、彼等囚人を矯正して行くには、どうしても鏡を見せる必要があるといふので、各部屋は勿論、梯子段に一々鏡が置いてあるのであります。われ〳〵交際場裡に立つには、是非共にこ〳〵主義で人に接する爲に、又大いに鏡に向ふべきでありませう。

（昭和七年二月）

努力は何處まで

私は學校時代秀才ではなかつたし、辯舌も下手、人づきも惡し、辯護士としての素質なんか全然ないと考へてゐたから、ともすれば引き込み勝ちな心の駒に鞭打つて只管努力奮鬪を續けて來た。「努力さへすれば」私はこれを處世の要諦として二十數年間精進して來たが、同時に私は辯論、美術、音樂の部門には單に努力だけでは達し得ない領域があると固く信じてゐた。

即ち人に素質天分がなければ、辯論美術音樂の部門では決して大成するものではないと考へてゐたのである。

成程ギリシヤの雄辯家デモステネスに就て、「彼は啞に近い訥辯家であつたが瀧に對し山彥を利用して辯舌を鍊磨し鏡に向つてその姿勢を正し苦心慘憺の末遂に成功した」といふ事が云ひ傳へられてゐるが、これは恐らく後進者を勵ます爲の敎草に過ぎまい。やはり彼には元來素質があつたに違ひないと心密かに獨り極めしてゐたが、昨冬講談社發行の「式辭挨拶十分間演説集」を讀むに及んで、私は私の此の考へが獨斷であつた事に氣付いた。同書の中に、「口舌の雄なる勿れ」といふ標題の下に村井知至氏が一世の雄辯家尾崎咢堂翁の演説に言及して、

「翁は第一聲量が少ない、第二に措辭が下手である。第三に語呂が錯亂顚倒する。第四に怒る時は鬼神の如く笑ふ時は兒女の如き風采體格を持たないと翁自身告白されて居るがこれは單に謙遜ばかりとは受取れない」

と云つてゐる。然も翁が日本の有する偉大なる雄辯家である事には何人も異論のない所である。即ち素質に乏しかつた咢堂翁も努力したればこそ斯くも大雄辯家となり得たのでないか、私は是れによりて第一の疑問を解き得た。

今春私は彫刻界の第一人者朝倉文夫氏と、はからずも同車し第二の疑問を解く機會に遭遇した。長崎から訴訟事件を濟ませて歸京する私と、大連に於ける後藤新平伯の銅像の除幕式を終へて歸京する朝倉氏と、下關から同車した。同鄕の間柄ではあるし久濶を叙した後は、展望車で暫く雜談に耽つた。私はいゝ機會だと思つたので、

「君は彫刻界の天才として、世間に持囃されてゐるが、美術家として名を成すには、やはり天才で

なければ駄目だらうね」

と聞くと、氏は意外な面持で、

「いや僕は人の云ふ樣な決して天才ではない」

と打消して、

「僕は今日迄絶えず努力を忘れずに彫刻に精進を續けてゐる。外國の例を見ればすぐ判るが天才は四十歳を前後として輝かしい業蹟にさよならを告げてゐる。之れに反し努力で名を成すものは決して四十歳位で行詰まるものではなく歳と共に漸次光を放つものである。美術と云はず音樂文學と云はず天才に非ず素質のないものでも、努力次第では一流の大家になり得るものだといふ確信を持つてゐる。藝術の分野は他の部門と同樣人間の努力を否定するものでない」との話であつた。其處で私は、

「如何なる人間でも努力さへすれば藝術家になり得るだらうか」と糺すと、

「然り、全然嫌ひでない限り苟くも好きでさへあれば努力次第でどうにでもなる。好きこそ物の上手なれと、俗に言ふが確かに名言だと思ふ」と答へられた。

私は氏との談話によつて、藝術の分野に於ける努力の問題が、極めて明快に解決出來た事を喜ん

でゐる。

最近某紙に、小說家宇野浩二氏の談話として、

「此頃の新興藝術派などといふのは、なつてゐない。技巧なり文章なり十年の苦しみを經た後でなければ、ほんたうに味のあるいゝものは出來る筈がない」

といふ意味の事が載せてあつたが彼此對照して極めて至言であると思ふ。凡そ人間の步む道、あらゆる部門、あらゆる世界、すべて努力によつて最後の月桂冠を獲得する事が出來るのは明白なる事實だ。努力奮鬪!!! 私は齡は五十に垂んとして初めて、努力を否定する世界の決して存在してゐない事に氣付き、更は奮鬪努力の志を新しくした事であつた。

（昭和六年七月）

カルタ會の思ひ出

毎年お正月を迎へて、お雑煮の箸を持つと、必ず思ひ出すことが一つある。さうして、そのことを思ひ出すと同時に今年も！　と固い決心を持つのであるがおそらくこれは私の一生を通じての、人生の指車となるものであらうと思つてゐる。

先づ、その話から述べよう。——私がまだ中學生だつた頃、學者として有名だつた廣瀬淡窓氏の子孫にあたられる廣瀬家のカルタ會に招待されて行つたことがあつた。もと〳〵私はカルタに自信のあつた譯ではないが、友人に誘はれて、ともかく競技の席上にはべつた。ところが實際やつてみると、相手の令嬢、學生諸君はよほど練習が積んでゐるとみえて、私などに指一本觸れさせない。觸れさせないばかりか、私の持札を殆ど全部取つてしまふ。

「君はもう少しうまいと思つたが、全然駄目だネ」

と、言はれた時には、有繫令孃の環視の前だつたので、すつかりテレて終ふばかりか泣き出しさうな氣持ちになつた。

「よしッ、俺も一つ練習してうまくなつてやらう」

その夜、歸りがけにつく〴〵考へて、翌日から勉强もそッちのけで盛んに「天の原ふりさけみれば……」をはじめた。練習はおそろしいもので二週間もたつと相當にうまくなつた。あの席上で恥をかかした友人達とやつてみても、さほど遜色のないまでに進步した。

が（である）そのために學校の成績がスッカリ惡くなつた。惡くなるのは當然であるが、その時私ははじめて、コレはいけないぞ！　と思つた。自分は今、親のお蔭で勉强してゐる身だ。勉强を第一にしなければならぬ身分だ。それを道樂のために、勉學を怠つてゐるのは、親にもすまなければ、正しい道ではない――さう考へて、すつかりカルタを止めてしまつた。お蔭で學校の方は、成績もよくなり、無駄な時間も費さなくなつた。

この若い頃の體驗は、私にとつて非常に良い教訓となり、現在に至るまで私には道樂といふものがない。

もし、私に道樂があるとすれば、それは仕事そのことだ。私にとつては、職務が一つの道樂である。この場合道樂といふ言葉に誤弊がありとすれば、仕事が樂しみだと言つてもよい。いづれにしても私にとつては、仕事をすることが、その仕事を成功せしめることが、何よりの樂しみなのである。

最近私は濱口前首相の「隨感錄」を讀んで感じたことであるが、濱口さんにも道樂がない。しかし、濱口さんも、政治そのことが樂しみであつたやうである。濱口さんは、「自分は凡人である。その凡人が普通のことをやつてゐては、いゝことは出來ない」といふやうなことを言つて居られるが、コレには私も同感である。私は常に斯ういふことを考へてゐる。十の能力のある人でも、そのうち三か四の力を道樂の方にそゝぎ（或は道樂のために、それだけの力を奪はれ）た場合、その人は六か七の力しか持たないことになる。だから我々が七か八の力さへ持つてゐなくとも、全力を盡せば十の力を持つ人と、同程度の能力者となることが出來ると思ふのである。しかし、世の中の情勢を見ると、十の能力を持つ人が、全力的であり、六か七の力しか持たない人が、道樂に耽つてゐる傾向がある。これは甚だ寒心に堪へないことゝ私は思ふ。

國と國の問題でもさうである。日本の國は小さいといふ、しかし、全國民が全力を擧げて奮起したならば、いかなる大國と雖も決して恐るゝに足らない。その實例は日清、日露の兩戰に見ても瞭《あきらか》である。秋は内外ともに多端、昭和七年の新年を迎へると共に、我々國民は緊褌一番しなければならぬと思ふ。

（昭和七年一月）

人を辯護する悦び

辯護士になつてから二十五年にもなるが、夫も最初の一二年間は民事の事件を取り扱つたが、其後は刑事々件專門にやつて來た。

從つて、此の永い二十五年間に取り扱つた事件は、種々雜多で、事件の大小に闘らず、數千を以つて數へる位多い。

最初、辯護士として、世の中に注意を引いた事件としては當時辯護に立つた「月岡靜枝姉弟の放火事件」であらう。

月岡靜枝は帝劇女優が出來て、二期位の女優で、其頃は世間でまだ女優の稀らしい頃であつた。

これは中々美貌な女で、歳は二十五六、弟も又、綺麗な男で、獨立して理髪業を營んでゐた。

この事件の筋はどう云ふ處にあるかと云へば、弟の中田武志が商賣上面白くないので着物等を質に置いたりして、家庭不如意のために、家に火災保険をかけて、姉の靜枝と共謀して、確かその保険金は五百圓と思ふ、家と云ふより、生業に要する道具、什器と云つたものに保険をかけて、そして、姉弟で相談して、弟夫婦が花見に行つた留守の間に、姉が放火して、保險金の騙取をやらうとしたとして、保険金詐欺として警察――上野署――で取調べられた。

一時取調べは受けたが、明確な證據が無いので放還されたが、其後警察でおかしいと云ふので、再度取調べられ、それは武志の妻の義兄である木×萬吉が本富士署へ、武志が妻のギンに、放火を打開けたいきさつがあると告發したため、それにギンがベラベラと武志の不利な證言をしたために、それが證據となつて、いよいよ檢事局へ送られ、公判に附せられた爲、私は、その月岡姉弟の實父からの辯護をたのまれて法廷に立つて、力のあらん限り努力した。

事件の詳細に就いては當時の法律新聞第一四五九號の記事を抄錄してみよう。

「疑獄乎、明獄乎、元帝劇女優の放火事件」と云ふ見出しで、

「疑獄が明獄か吾人は知らぬが、最近我が中央法衙に於ける疑獄事件として一般からも認められ、且つ東京地方裁判所の第一審に於て無罪の判決を受けたが檢事からの控訴を申立てたので今八日（大正七年十月八日）東京控訴院の公判に付せられることになつた一事件がある。

彼告の一人は元帝劇女優たりし月岡靜枝事本名太×キミコ、他は同人弟中田武志と云ふ未だ三十にもならぬ若い姉弟同士の二人卽ち之である。

起訴事實は大正五年四月中、姉弟共謀の上弟の武志が花見に出掛けた不在中、姉のキミコが武志方の裏口より忍入り、武志の家に放火したと云ふのである。

然らば犯罪の原因如何と云ふに、戀か？　あらず、恨みか？　あらず、保險金詐取が其目的であると云ふのである。而も其保險金額は何程なりやと云へば、武志方の理髪營業用器具及び家財什器に付したる僅々五百圓の保險金に過ぎぬ。若し共謀の犯罪に依つて得た金額を兩人間に平分するとすれば一人分二百五十圓に過ぎないのである。

若し果して慾の爲に犯したものと見るとすれば、損得の上から考へて見ても、餘りに釣合ひが取れなさすぎる。況んや、これが苟くも元帝劇女優でもあり、さして生活にも困つてゐると云ふのでもない彼等兩人が、僅か五百圓許りの殆んど數ふるにも足らぬ端金に目がくれて放火の大罪を敢てしたとは如何にも受取りがたいやうな話もある。

それが自ら下手人として放火を敢てしたに至つては辻褄が合はぬ話のやうにも思へる。

更に不思議なのは該事件に於て、有罪方面より見て、最も有力な證人と目すべき、事件の密告者

（武志の妻ギンの義兄木×萬吉）が豫審判事の事件取調の中途より姿を隱し、逃走したと云ふ事實さへあつたと云ふに至りては愈々益々怪しむべく疑ふべき事件であると云へば云へぬこともない。尤も密告者自身が如何なる理由に依つて逃走するに至りたるかの事情に至りては本人にあらざる我々の知り得べき限りではないが。兎に角密告者が取調の中途に逃走して行衞不明になつたと云ふに至りては其間何等かの疑を挿まざるを得ぬことは云ふまでもない。

然らば、其犯罪は何等據るべき證據もなき妄誕無根の寃罪であるかと云ふに事の眞僞は兎に角として事件當時被告キミコが武志方の露路内より出て行くのを見たと云ふ證言もあり、殊に被告武志の妻ギンは、武志自身の口より姉キミコと共謀して放火したと云ふことを聞かされたと云ふ慥な證言もしてゐる。

然らば兩人の犯罪は必ずしも全く何等の證據もなき妄誕無根のものであると許りも云へない。殊に被告武志が上野警察署にて取調べを受けて、一旦放還されるや家にも歸らず、其儘九州方面へ落延び檢擧を免れようと謀つたものと疑へば疑へぬでもない形跡がある。

之等のことから考へて見れば被告等兩名を犯罪人として嫌疑をかけるに至つたことも必ずしも無理からぬことであらうと云へば云へる。否此事件を最初に取調べをした上野警察署は犯罪者にあらずと認め放還したが、本富士署、豫審判事、検事の總ては、有罪と認め、殊に検事は第一審に於て無罪の言渡しを爲したるに拘らず、有罪的信念の下に控訴の申立をなすに至つたのを以て見ても、云々……」

一方豫審判事の方は、

被告の武志が、性格が吝で蓄財のためには其手段を選ばない者であつて、大正四年十一月頃、二百餘圓を投じて下谷の×町に理髪店を開業し大正五年三月日本橋の日本動産火災の東京支社と、營業用器具及び家具什器に對し、保険金額を五百圓として火災保険契約をなし被告の姉で、元帝劇女優であつた。月岡靜枝と共謀して、保険金を騙取する目的で、その放火の時刻方法などを決め、被告の武志が同月の中頃衣類其他の物品を搬び出して、被告等の實父である日本橋區北新×町中×誠、及び知合ひである下谷坂本の坪×せき方に預け四月十七日午後一時頃、武志は保険證券其他高價品を携へ、花見と云つて、妻ギンを伴れ外出し被告キミコは豫ての豫定に基き、其不在中に武志方の裏口から忍び入り同家の三疊間の押入内にあつた蒲團衣類新聞紙等に石油を注ぎ之に放火し、襖、鴨居其他の棚板などに燃移らした際、隣家の津×フミに發見され、消止められたのだ。

同日の午後十時頃被告武志は外出先より歸つて來ると右の火災について、上野警察署へ同行され、取調べを受け翌十八日午後二時頃歸宅を許されたが、其際被告キミコは尙警察署に取調を受けてゐたので被告の武志は事件の發覺をおそれて其儘歸宅しないで、府下八王寺町に行つて一泊し、翌十九日中野驛から乘車して、廣島に致り、更に山口縣及門司方面へ逃走したが、同年の五月十六七日頃姉のキミコが無事放還されたと聞き、直ちに歸京し、下谷下根岸の兄×村正臣方に於て、同年四月十七日自分等の不在中午後五時頃何者か裏口より忍び入り、衣類を竊取した上、放火し營業器具家具等には合計百四十九圓九十錢の損害を生じたる旨の火災狀況書及び損害見積書を作成して、父の誠の手を經て前記保險會社に提示し、同會社を欺き同年七月十日頃損害補償名儀の下に金七十圓騙取したるものである。——と云ふ譯であつた。

しかしこの事件の證據としては物的證據としては何もなく、たゞ、被告の武志が氣が小さくて、すつかり恐怖してしまつて、放還されるやすぐに家にもかへらず、中野驛から乘車して廣島の友人の家から山口、門司の方面へ行つた事。それから、廣島の宿屋で、妻のギンに打開け話をした。この打開け話が有力な證據となつて、それを第二にギンの義兄の木×萬吉が、それをギンからきいて、警察へ告發し、それでこの事件が展開を見た譯であつた。

それが火災直前、隣家の兼×スギが、露路から武志の姉が出てきたのを見たと云ふ證言があつたりして、事件はますます、被告に不利となつた。それに被告は十二月の廿六日から五ケ月接見禁止になつて苦しんでゐたがそれでも否認しつゞけてゐた。

地方裁判所でも檢事の求刑は十二年であつた。この事件に對する檢事の論告を引いてみよう。「人或は本件を目して疑獄事件なりと云ふものがあるけれどもそれは誤つてゐる。成程被告等は事實を否認して居る。併し此否認せりと云ふことを以て直に疑獄事件なりと云ふならば殆んど總ての事件は疑獄事件なりと云はねばならぬ。只だ本件については具體的證據に乏しい感がないでもない。しかし四圍の事情からして、本件證據は頗る明白なりと信ずる。

先づ大體論から見て、本件犯罪の原因は

（一）火災前に被告兩名が往復せし事實がある。其往復せる間に放火の相談が在つたものと見るべき有力なる根據がある。

（二）武志が放火するに至つたのは美衣美食の念に馳られたからであり、姉キミコは弟を助けんとする意志に基いてゐるものと云へる。

翻つて被告に利益なる方面を擧げれば

（イ）否認の點

（ロ）放火の現狀を現認したる者なき點
（ハ）上野署で兩名を放還したる點
（ニ）被告兩名が社會上相當の地位あり、放火せずとも生活に差支ない點等である。しかし之はとるに足らぬものと考へる。

更に一歩進んで、不利益の點より觀察すれば、第一、ギンの供述は徹頭徹尾此犯行を明かに語るものである。同人の供述は其供述自體に於て多少具らぬ點があるけれども此一事を以て供述全般を否却することは出來ない。即ち

（イ）ギンは事件當日花見に出かける際武志は愚圖々々して居たと云つて居る此點から考へて見ても花見に行く武志の行動は甚だ可笑しいと云はねばならぬ。

（ロ）ギンが湯からかへつた時、武志がギンの衣類を出して取揃へて置いたと云ふことであるが、之は自分が取出して置いた衣類の持出してあることをギンに發見されるのを防ぐ爲であると見なければならぬ。

（ハ）上野署で放還された翌日、被告は八王子の知人の家でギンと共に自殺しようぢやないかと云ふ話をしてゐたに拘らず、其日中野驛から夜の十二時の汽車で廣島方面に出發したのは甚だ疑は

しい。之は一回取調を受けたのに怖けついて、東京に居ることが恐ろしくなり、廣島方面に逃げたものと見れぬことはない。

（ニ）　廣島の宿屋で武志がギンに對して放火の打開け話をしたと云ふ事實があると云ふ點は本件の有力なる證據と云はねばならぬ。

（ホ）　山口縣の姉中田クニの宅に於て、クニの留守中、東京より電報の來たのをみて武志が無斷同家を出發したのが頗る怪しい。

（ヘ）　武志は東京へ歸らぬと云つてゐたにも拘らず門司で姉クニから東京より父親誠とキミコが迎ひに來たと云ふことをきゝ、急に歸京することになつたと云ふのも非常に怪しい。

（ト）　武志夫婦が歸京匆々キミコの宅でギンに對して放火の口止をしたのも有力なる本件の證據である。

（チ）　武志が衣類を車夫の所に預けた云々は保險金詐取の目的に出た證據と見ねばならぬ。以上の證據を以て本件犯罪が被告等兩名に依つて爲されたものと見ることが出來ようと思ふ。

第二、殊にキミコの犯罪に付ては兼×スギの供述で頗る明白なものがあると思ふ。卽ちスギの供述に依れば、武志の宅から出火前キミコが出て來たのを現に見たと云つてゐる。此の點に關するスギの供述は多少疑はしい點もあるが、キミコが當日武志の留守中放火するために、事件當日武志の家に行つたものと見るのが適當であると思ふ、

第三、更に本件に於て暗き影の一はキミコが警察より連れに來られた時、女中の長×川チヨに對して事實の當日外出したることの口止をなしたることで、彼等は放火の事實を否認するが眞に放火の事實がなければ、左樣な口止をする必要はないのである。

然るに之れが口止をしたと云ふのは放火をしたからであると見なければならぬ。

要之に武志は性質甚だ吝嗇であつて金錢以外には何物もないと云つた風の人間である。而してキミコも亦今の夫の萬吉と結婚したのは金錢の爲で、決して愛情の上からではない。從つて被告兩名が保險金詐取の目的を以て放火をしたと云ふことも決して怪しむに足らぬのである。云々。これがかゝり檢事の觀察であり論告であつた。

これに對する私の辯論は、——

檢事は本件を疑獄事件でないと云ふけれども私の淺くその上狹い經驗ではあるが、過去十年間に於ける辯護士生活中本件の樣なのは實に稀に見る所の疑獄事件だと述べ、これらの事件は第一審に於て直ぐに無罪になるか左もなくば控訴で必ず無罪の判決になると思つてゐるとつゞけ、

本件の有罪の證據として見るべきものは、僅かに二個の證據より外ない。乃ち一は中田ギンの供述、其二は兼×スギの供述これである。檢事は長時間に亙つて論告したが、要はこの二個の供述を基としての意見、推測想像にすぎない。

豫審までは兎に角、この二個の供述が經となり緯となつて被告等を有罪としてつなぎとめる丈の力があつたことは相違ない事實である。しかしながら此二個の供述は公判廷に於て數人の證人の取調によつて、到底被告等を有罪として判決を下すだけの力がないことが判明した。換言すれば、事件の中核をなす二個の供述が、とうてい採つて本件を斷ずるに足るだけの信憑力のないことが明白になつたと信ずるものだ、と述べた。

そして辯論の順序上本件の敵役である中田ギンの供述の信用すべからざることを證明する段に致つた。で、これを述べるに當つて先づ論ずべき必要を感ずるのは同人の性格並びに人物の檢討であつた。

この人物の信用すべからざることが判明すれば、從つて中田ギンの供述も又、しかし信用の力を失ふ結果となり、被告は無罪の判決に至るからである。

一、ギンは非常な嘘付きであり且つ泥棒根性を持つた女であること。その具體的事實は、

（イ）　ギンが未だ女中として武志方に雇はれてゐた當時、ギンを買物にやるとギンは必ず其上前を刎ねて、十錢のものを買ひにやれば八錢位のものしか買つて來ない風であつた。

この事實は武志の家族のものが豫審廷で述べた所であつて、明白だと述べ、又或時は五圓札をもたせて二十五錢の買物にやるとギンはソレを落したと云つて着服したのだと云つて大變問題になつたが、丁度武志の實父が仲に這入つて仲裁し一月に一圓宛辯償して事件は落着したこともあつた。

これも誠並にギンの供述に依つて明かに證明されてゐる。

（ロ）　武志の伯母の矢×ヒサが同居中、大正四年の二月頃ヒサ宛に朝鮮にゐる賓子から四圓の小爲替を送つて來た。それがどう云ふ譯か紛失したので當時ヒサは必定ギンが盜んだのだと云つて告訴するといきまいたが、當時誠の妻が病氣で看病人としてギンが必要だつたので、之も又誠の仲裁で其儘になつた。それが今度の事件でギンが調べを受けた際、述べたところによると右小爲替は被告キミコ並に武志が寸斷して地中に埋めたと云つてゐる。

しかるに東京遞信局の囘答書によると、これは千駄ケ谷局で大×三郎儀を以つて拂ひ渡されてゐる。

（ハ）　ギンの供述に依ると事件當日午前中も少しも雨がふらなかつたと云つて主張してゐるが、

中央氣象臺の報告に依ればの七日の午前六時四十分より七時半迄微雨があつたことになつてゐる。

以上、ギンの供述を見れば如何にギンが噓付で且つ盜癖を持つた女かが立證される。

從つて、ギンの供述の信用するに足らぬのはギンの性格の信用できぬのと同格である。
二、ギンは頗る淫奔な女で、ギンは大正三年十日より武志方の女中をして大正四年三月武志と關係を結び同年七月、一度暇をとつて下谷の松×料理店に雇はれることになつたがギンは同店に雇はれ中武×勝吉と情を通じ、其後武志と結婚するに至つた後も、數回武×と逢引をしてゐた事實がある。
之は本件を最初に取調べた上野署の須藤警部補が豫審廷でギンが二三人の色男を持つてゐることを申立てゝゐることに依つて明白だ。斯の如くギンが淫奔な女であると云ふ反面に、ギンが自分本位の女で、自分さへ滿足すればいゝと云ふ性格の人間であることを立證して充分でもある。
三、ギンは極めて强情な女で、これは事實は記錄に明白に殘つてゐる。ギンが檢事の聽取書第十回問答中、ギンの答として「私は夫が情夫を持つてゐるやうに申しますが、飛んでもないことでありますす。決して左樣な心得違ひをいたした事はございません。よくお調べを下さればわかります」と述べ、ソレから同調書十二問に於て、

「武×と通じたことはありません」と非常な威勢で否定してゐる。それにも關らず、豫審廷では豫審判事の詰問に逢つて包み切れず、つひに厚顏にも大正四年十月武×方で××關係したことを申し立てゝゐる。そして十七回に於ては、更に判事の詰問に逢ひ大正五年一月十七日更に關係せしことを申立て、同第三回の調べには××關係したことを供述してゐる。これをみてもギンが如何に强情で容易に實を云はぬ女であるかゞ解る。

更に武×とギンとの密會の場所、密會の順序金品の授受等の點に付ての兩人の供述を對照すると二人の申立てははなはだしく相違してゐる。

先づ武×は（初めてギンと關係したのは、國技館の納涼博覽會に同行した歸途である）と云ひ、ギンは武×の二階であると云ひ、武×は密會の都度、ギンから電話で呼出しかけて來たと述べ、ギンは武×から手紙で云つてきたと云ひ、それから武×は淺草で三圓の金と、一圓八十錢の腰卷を買つてやつたと云つてゐるのに、ギンは二圓の金を貰つただけで其金で腰卷を買つたのだと供述してゐる。

それに一旦上野署に引致されたが無事放還された被告姉弟を告訴したギンの義兄木×萬吉が、ギンの背後で立派な黑幕となつて、ギンをあやつつてゐる。

それから微細に亙つて、ギンの供述をあばき、

以上の事情からすれば、ギンの供述はすべてが到底信を置くことが出來ないのは明白だと被告を辯じ、要するにかゝる夫ともあらう被告に對して種々、事をかまへて、不利の陳述をなす理由は武×勝吉なる情夫があつて、ソレと夫婦約束をして居り、夫婦となる必要上、どうしても武×の方から籍を抜きたいと云ふ淺ましい女心から、かゝる惡ラツなる手段をなしたに違ひないと述べた。

更に、火災直前、キミコを見うけたと云ふ二ツの有力なる證據の一ツである、兼×スギの供述では、武×の家と普通の交際をしてゐるもののやうに云つてゐるが、これは決して事實でない。スギと武志の間は引越の時引越そばさへ配つてない。それはギンの警察第二回聽取書にも明かであり、又互に逢つても言葉さへかけぬ位で、兼×は薪と米屋をしてゐるにも拘らず、武志の家では一切買つたこともなく、かへつて兼×の筋向ひの米屋から買つてゐた。したがつて兼×の方でも、武志の家に理髪に來たことがないと云ふ險惡な間柄であるところを見れば、その間、スギの供述に怪しみ信じ得べからざる點が多々ある。しかも、キミコを見うけた際、着物の縞柄などについてもでたらめをきはめてゐる。

更につゞけて、

検事は中田武志が九州方面へ逃走したのははなはだ怪しむべき點だと强調してゐるが、武志の實父誠の豫審に於ける陳述に依れば武志は非常な小心者で、大正四年十二月母に死別し、翌五年自分の愛妻たるギンが自分を裏切つて他に情夫を拵へてゐることが分り、同年四月火災に逢ひ、殊に犯罪の嫌疑を受け、こゝに人生の不幸事が其一身にふりかゝつたものと云つていゝ。何人と云へども人生の悲哀を感ぜずにはゐられぬ。まして日頃小心なる武志においておやである。で、このために武志が世を悲觀し、死を決して山口から九州にまゐるとも强ち無理ではない。で、檢事が主張されるやうな意味で、九州へ落ち延びたのではないことが明白である。

それから檢事が證據の一ッとしてあげるキミヨが警察に連行される際、衝立のかげで、女中に當日外出したのを口止したのは、千代にたのんだかたのまぬかと云ふことで爭ひになつてゐるが一歩ゆづつてたのんだにしても本件の證據とはなりがたい。何故かなれば、たゞでさへ人前を氣にする女が、警察に呼ばれ取調べを受けると云ふことは非常に苦痛とするところで、身に覺えがなくとも警察の門をくゞるのを好まぬのが人情で、無理からぬ次第だ。

最後に被告兩名が本件放火の犯人でないと云ふことを積極的に立證した。

第一に、須藤警部補の公判廷に於ける、證言中、「上野署に於て取調の結果、被告兩名に對しては全然嫌疑がはれた旨」の陳述があり、更に「今日に於ても全然犯人なりとは思つてゐない」と裁判長の問にこたへてゐる。

第二、本件は全然證據物件が缺除してゐる。乃ち豫審の證人中、放火の現狀に新聞紙、綿屑なぞがあつたと供述してゐるものがあるが證據品として之等の物件は一ッも法廷に運ばれてゐない。

第三、被告兩名は終始一貫犯罪を否認してゐる。被告兩名は約六ヶ月に亙つて獨房に拘置され、その間絕對に文書を禁じられてゐる。これは被告にとつてその苦痛決して容易ではない。然るに被告は依然として犯罪を否認してゐる。

これは本件に付き何等の關係をもたないからである。由來犯罪を否定するのは人情の常であるが、しかし本件被告の如きは一は纖弱なる女性、一は男子ではあるが體質極めて脆弱而も小心の男であるが、右の如き苦痛に堪ふることは決して尋常一樣のことでない。

かうした有力なる多くの反證を擧げて、被告の無罪を主張し、要之本件はギンが武志と手を切つて情夫と晴れて夫婦にならんとする非望よりあみだされた一種のあくどい狂言に外ならぬと述べ、身久しく寃罪の爲に獄舍につながれ、無情なる運命に泣き人生の悲慘をきはめつゝある、この可憐なる被告兩名に對し一日も早く無罪の判決あらむことを切に望むと辯論した。

そして本件は例へ（昔の鴨綠江の水が逆流しても責儀を怠らぬと云ふ古事を引いて）鴨綠江の水が逆に流れても本件は無罪だと主張した。しかるに一方、もしも被告兩名が有罪の宣告をうけたにしても、被告が惡いのでも法官がわるいのでも又誰がわるいのでもない。これは一重に自分の辯論の力が足らなかつたのだ。さうなれば自分としては、被告に對しても、社會に對してもはなはだ申しわけがない。

で、昔の武士ならば切腹をするところだがそれもできぬ、辯護士をやめるとなれば生きて行くことが出來ない。で、自分としては坊主になつておわびをすると云つた。自分としては僧侶になるのではなく頭を圓めてきんしんするつもりだつた。

判決はかゝりの裁判長の差支へのため、尾佐竹猛氏がかはつて、無罪の判決を云ひわたされた。その時は自分が晴天白日の身になつたやうにうれしかつた。

判決のあつた歸りに、裁判所の廊下で係りの裁判長と逢つた。するとその法官が、

「君を坊主にしてやらうと思つたが、たうとう坊主にしそこなつた……」と云つて大笑ひをした。

（昭和八年十一月）

私の希ひ

辯護士の社會的地位を高めたい。これは決して我田引水的意見ではなく、實に人權の確認と尊重を意味するからである。

一度外遊した者は誰でも直ちに感ずる處であるが辯護士の社會的尊敬社會的地位に於て日本程諸外國に劣つてゐる國はないと思ふ。

外國では純辯護士で直ちに大臣宰相となり又は大統領になつてゐる人は尠くない。ところが我國は辯護士出身で大臣になつた人も多少あるがそれは皆政黨關係からであつて、純辯護士としては僅かに原嘉道氏一人あるのみである。貴族院に勅選されるものすら殆んど稀である。

外國では人權が頗る尊重されてゐる、從つて人權を擁護するを職とする辯護士は、正義の味方人民の友として異常な尊敬を受けてゐるのである。

嘗て星亭が代言人時代に俥で司法省の門を潜らんとした時門衛が之を阻止した。「代言人如きが」といふので《●》である。星亭は怒つて遮二無二俥で乘入れたといふ話があるが明治初年辯護士は代言人として寧ろ卑下され三百代言と云ふ名稱さへ生れた。

勿論其後辯護士の職能地位は世人に認められて來た樣だが未だ充分でない。

此際私の希望としては將來辯護士の社會的地位が益々向上され外國と同樣其優俊なる者はどしどし國務大臣にも貴族院議員にも勅選さるゝ日の來る事を祈る次第である。

（昭和九年十月）

人情美

東京控訴院長小原氏が、まだ司法次官をしてゐられた時の事である、司法省食堂の賄方をしてゐる某の一家數名が病床にしん吟した、もとより薄給の身の上で、僅かな貯へも、費ひ果してしまつた、すがるべき人とてない某は、思ひあまつて次官の私邸をおとづれ、恐る〳〵「一家を助けると思召して卅圓だけ貸して下さい」と、涙ながらにお願ひしたが、次官の答へはつめたかつた「僕と君とは單に顔を知つてるといふに過ぎない、貸されぬ、早く歸り給へ」

賴みの綱も斷たれ、せう然自宅に歸つた某は、習日役所に行き、何氣なく自分の机の抽斗をのぞくと、中に欲しいと思ふ卅圓が、ちやんとはひつてゐた、これを見た某は、飛び立つ程驚き且喜んだ「これは次官に違ひない」さう思つて、次官の部屋に飛んで行き、御禮をいふと「わしは知らんよ、世の中には、奇持な人もあるものだ」と素知らぬ顔をしてゐた。

話はこれだけである、卅圓といふ金額を知つてゐるのはたゞ某と次官だけである、辯護士である私の職掌から見て、次官が否認する根據は、薄弱だし、金を机に入れたのは、次官ではないと辯護（?）する餘地は全然ない。これは明かに情ある次官の所爲であると、斷定するのが妥當である、しかるに次官はあくまで否定して恩をきせまいとする、私はこの美はしい人情美と院長の奥床しい人格に接して、今更敬虔の念に堪へないのである。

家庭教育に就て

社會が複雜相を帶びて來た故か何から話していゝか分らぬ程何かと合點の行かぬことが多いやうですね。第二の國民を作る子女教育、これなんかも最近は隨分とルーズに流れて凡て學校委せ、家庭內の修養等に兩親はふり向きもしないものが多い。一體是れでいゝのでせうか。箱入娘的な暗鬱な封建社會を脫出して昭和日本の婦人は明るく輝かしく社會に進出してゐらつしやる。結構です、所が明るく輝かしくをはき違えて、年はも行かぬ子女を何處にでも引張り廻すといつた氣風が流行してゐる、芝居でもキネマでも分別ありさうな夫人がマヽさんと呼ぶ子を連れて出入してゐるのにお氣づきでせう。大人の爲めの芝居キネマそれを何の批判力も判斷力もない子供が見て何の役に立ちますか、未塾な頭腦に何の影響はないと考へてゐるのでせうか、教育は學校ですると學校委せの考へからでせうか、私が獨逸に居た時何處の家庭でも親が子供を夜の町に連れて居るのを見た事がなかつた、何故か分りますか。

西洋には子供の爲めの芝居キネマがある、夫れも夜にはない晝丈しかない、日本には歌舞伎座で時折子供の爲の芝居があるがキネマは全然低級俗惡で子供に見せるべきものは殆んどない、穗積博士は「日本の婦人は子供を自分の物だと考へてゐる」と云はれます、眞に左樣です。婦人はオペラバツクやパラソルの積りで子供を芝居やキネマに連れて行くのでせうが、それでは子供が餘りに可愛想ですね。

學校教育でなく家庭教育といふことも考へて貰ひたいものです。然し私は敢えて獨逸式の教育を學べとは申しません。芝居、キネマを見せるのは時に情操教育として必要でせう。たゞそれを選擇して欲しい、芝居やキネマの惡影響から罪を犯す少年は私が扱つた事件丈でも少數ではありませんよ、日本の兩親は子供の家庭教育にも少し關心を持つていたゞきたい。（昭和四年十二月）

一休と蜷川

一休和尚と蜷川新左衛門とは隣同志で端の見る眼も羨しい仲であつた。けれど蜷川は機智頓才に於て一休には、とても敵はない、それが第一癪で癪で堪らない。何とか凹ませてやらうと、いつもそんなに考へてゐるが其度毎に、うつちやりを食つて、みす〳〵見苦しい、敗北に終つて、しふので。春雨の煙る或日蜷川は縁に腰を下して可成伸た月代を手で撫でながら、如何にかして一休奴を、とつちめてやらうと考へ初めた。此前、橋で會つた時、どこに行くかと尋ねられて、これは知るまいと稍々得意氣に扇を出すと一休は即座、あゝ戸羽かと云つた。蜷川は扇を疊むのも忘れて、春の陽輝く白路の上に憎々しい程鮮やかな影法師を投げてスタコラ行き過ぎた、一休の後姿を、暫く呆然と見つめた。その時の事を、今ゆくりなくも思ひ出すと殘念でならない。三日三晩寢ずに考へた。ありつたけの智慧が一休の一秒の即妙な當意にも及ばなかつたと知ると殘念で殘念で、堪らない。

そんな事を考へてゐる蜷川の視線が、餘り廣くもない庭の一隅にじつと凝結した。蜷川は有合せの菅笠を傾けて庭に下りた。土が二三ケ所、盛り上つてゐるのだ、棒切れで、ほじつて見ると可愛らしい筍が今、生まれ出ようとしてる所だ。隣の一休の庭にある竹林の根が境に造つてある疎な竹垣の下を通つて蜷川の庭に、によきり現はれたのだ。蜷川は此機會を天の與へと喜んだ、よし是れが一休奴を凹ます材料になるのだ、二三日蜷川は此機會をどう發展させるかについて更に考へ惱んだ。或方略に思ひ當ると、彼は膝頭を、ぽんと叩いて、脇差左手に庭に降り立つた。打ち續く春日に筍は充分成熟しきつてゐる。蜷川は竹垣越しにそつと覗いた。一休は、緣側で脊をこちらに向けて日向ぼつこをしてゐる。時分はよしと蜷川が聲高らかに、

「其方武士の庭内をも顧みず無斷にて入込む無禮者め。不屆至極につき主人只今手打に致す。」

と聞えよがしに叫んで鍔を鳴らして筍二本を斬り取つた。是れを聞いた一休はうまくやつたな、と肩でふゝんと笑つた。よしその了簡なら、こちらにもと一休は紙に次の樣な文句を書いて使者をつかはした。

「只今御主人御手打なされし由、罪狀は存ぜねど不憫至極、それがし役目の事なれば手厚く葬らひ度く死骸此使の者に御渡し下されたし。」痛快!! 讀み終つて蜷川は心の中でから叫んだ。早速次

の様な手紙を書いて、それに筍の皮をつけて一休の許に送り届けた。

「不浄なる罪人の事故高僧を煩はすも如何と存じ死骸は臺所にて即刻南無一片の茶毘となし申候。されど往生仕らずば不憫に存候故衣類全部送り申候に付一片の御回向御頼み申入候。」

蜷川は春の海上に月が出た様な明るい朗らかな氣持になつた。到頭やつゝけたのだ、日頃の鬱憤を晴らした蜷川は一休の微苦笑を心からをかしく思ひながら、其夜筍飯に舌鼓をうつた。


（昭和四年五月）

日本男兒の面目

五六年前、洋行した折、刑務所見學の爲め獨逸のライプチッヒ市に立寄つた事があつた。非常に暑い日だつたので門を出るといきなり附近のビヤホールに飛び込んで新鮮なビールに舌鼓みをうつた。ホールは街道も椅子を持ち出し天幕を張つて夏らしく裝をしてゐたが、私は屋內の隅のテーブルに腰を下ろして、ビールを呑み初めた。

するとし五尺に足るか足らずの、品のよい日本紳士が、街道の椅子に腰を下してビールを命じた、私は急に懷しくなつて言葉をかけようと思つてゐる內に、そこに一大椿事が持ち上つたのである。この日本紳士に續いて、どや〳〵と入つて來た三名の勞働者風の獨逸人が、その傍のテーブルに腰を下した。日本人は靜かに唇を濕しながら新聞に讀み耽つてゐる。所がこの獨逸人が腰を下すと間もなく、日本及日本人の事を口汚く罵り初めた。豚のしつぽとか、正義も名譽もない國だとか、一寸法師だとか。

この三人連れは、客に喧嘩を吹きかけて酒を飲む酒場荒しだと言ふ事が、私にはすぐ判つた。日本紳士は微笑しながら聞かぬ振してゐると、その内に一人の男が立上る恰好をしながら、わざとビールを日本紳士の背にぶちかけた。勿論御免とも言はない。と、くるりと向をかへた日本紳士は、實に實に隼の如く其の男の胸倉を摑まへたと思ふや、背負投げ。大男は、痛快にも大きな圓を畫いて敷石の上にうなりを打ちながら、どうと叩きつけられた。更に締めの一手。譯もなく氣絶してしまつた。一瞬間の出來事で、他の二人は唯だ〳〵呆然としてゐる。そこへ警官が駈けつける、私は目撃者として證人に呼ばれた。私はそこで一生の智慧を絞つて辯護に力めた。勿論酒場の主人も有利な證言をして、日本人は間もなく釋放された。

私はこの人に向つて、「いやどうも私が拳を握つてゐる時に、貴君が背負投を食はしたので溜飲の下る思ひがしたよ」と言ふと、彼は「いや、卓を叩いて一心に辯護された辯論こそ、世界に於ける日本人の地位を、彼奴等にはつきり認識させた痛快なものでした。署長が目をパチクリさせてたぢやありませんか。全くビールを呑んだ時の樣に胸のすく思ひがしましたよ。」

そこで溜飲の下つた二人はビールを呑んで笑ひながら其の一夜を語り明かした。

外國——鮮かな背負投——あの胸のすく樣な柔術の魅力。今思ひ出してさへ溜飲が一時に下るの思ひがする。

（昭和四年三月）

人情から見た相違

東京と大阪が判然たる區別の下におかれたのは徳川初期からだと私は思ふ。江戸は政治の中心諸國から集る武士階級の消費地として發展して來たのに對し、大阪は飽迄も商人の都町人の天下いはば貨物の集散地としての形態を整へ初めたのである。

現狀もこの範圍を一歩も出てゐない。

從つて兩市の差異は政治と經濟の大きな對立から派生して歷史的な傳統と環境に育まれた幾多の人情風俗にも現はれてゐる。

一例をあげればば大阪は飽迄算盤によつて凡てが解決され金儲け主義によつて總ての機關が動いてゐるかに見える。私は仕事の關係で大阪によく出張する事がある。或夏の事であつたが、裁判所で辯論をすませて夕方宿に歸ると、知らない人から電話がかゝつて來てお願ひしたい事があるからどうぞ某料理店まで來て頂きたいとの話。何の用事か知らない人からの電話だけに薄氣味悪いので用談の趣を聞くと電話ではお話がしにくい、兎に角來て頂きたいといふのだ。

いづれ訴訟の依頼だと思つて電話のかゝつた場所へ行つて見たがそんな料理店はない。やつと探しあてたのは河に浮べた屋形船がそのまゝ料理店になつてゐるのであつた。一人の商人らしい人が待つてゐる。初めましてと簡單な挨拶の後に料理を注文し初めた。

用談は何ですかと聞くと、いえ一寸した事でと、話の本筋には仲々入らうとしない。酒が出て料理を食べ初めると實はと膝を乘り出して來た。彼の家は大阪では相當手廣くやつて居た老舗であるが、最近の不景氣から段々落目になつて來た。東京では老舗が如何に落目になつても薄情な眞似は出來ないと依然取引を續けてくれるが大阪ではさうでない。一旦落目になると緣の切れ目、算盤玉がはじけなくなるとあつさりしたもので到頭落目になつたと思つてから僅かの月日にばたばたと沒落してしまつた。

運の悪い時は悪いもので藏から出た火が先祖代々傳はつて居た店までも燒き盡くしてしまつた。所が保險につけてあつたので世間で保險金欲しさに放火したのだと悪口雜言あらぬ噂がパッと擴がつて警察で取調べを受け到頭保險詐取の目的による放火として遂に起訴されるに至つた。その辯護をよろしくお願ひしたい爲に態々こゝまでお出でを願つた譯だといふのである。

私は快よく引受けて歸らうとすると彼は料理の喰ひ殘りを折詰にしてお土産にと私に渡してくれた。

私はこの一夜の些細な出來事に東京の人とまるで違つた大阪の商人氣質といふものを研究する事が出來たやうに思ふ。

訴訟を依頼するのに何も態々料理店に招待しなくとも宿屋の應接室でちやんと取極めが出來る。東京では殆んど全部事務所で仕事をあつさりとすます。所が大阪の人はさうあつさりと片付ける譯には行かない。

訴訟の依頼でも一種の商取引である。相手の機嫌を損じないやう又出來るだけ好條件で取引がしたい、それには一夕の食事を共にし膝を交へてゆつくり取極めたいといふのにあるのではないかと思ふ。

話の中の老舗の沒落も悲慘である。東京ではたとへ老舗が左前になつても算盤以上に人情が働いて老舗を續る人々が何とかして救濟しようとするのでさう急に沒落するものでない。所が彼の話によれば大阪では算盤が萬事解決するのである。老舗であらうが何であらうが沒落しかけたら最後の助だ。萬事簡單明瞭至極あつさりとしてゐる。

料理の喰ひ殘しを折詰にしてお土産にくれたのには少々面喰つた。いゝ惡いは別として東京では全然そんな事が見られない。商人氣質の細かさだとつくぐ感じた事であつた。

話が變るが辯護士でも大阪では官吏出の辯護士がどちらかと云へば流行つてゐるらしい。それは商人だけにどことなく官尊民卑の氣風が殘つてゐるのではないかと思ふ。

兎に角大阪には角帶前垂がけの氣風色彩が未だに濃いやうである。

東京が永久に首都で大阪が永久に商工業の都市である限りそれを基調とした人情なり風俗なりは永久に平行線上に進むものと私は思つてゐる。

一服の清涼劑

母子兄弟八人の大家族を、一人の腕で養つてゐる若い郵船會社員があつた健實勤勉然も頭腦明晰。その明快な仕事振りは、某汽船會社重役の目にとまつて、現月給の三倍を出すから、是非自分の會社に來てくれと、夢のやうな相談を持ちかけられた。喜んだのは、その社員、月給が三倍になれば大恩受けた父母を初、弟妹達を安樂に、暮させる事が出來る。「おれも運が開けたぞ」いそいそと我家に歸つて、父に此の話をした。所が、喜ぶかと思つた父は意外にも烈火の如く憤つた。

「馬鹿野郎。他所の會社から、高い給料で來て呉れといふのも、お前が今勤めてゐる會社のお蔭だ。會社で仕事を教はるのだから、普通なら月謝を出すのが當然なのだ。それに月給まで下さる有難い大恩を忘れて、目腐れ金で會社をかはらう等とは、もつての外の奴ぢや。そんな金なら、おれは飢ゑても。おまへの世話にはならぞ」

この厳粛な訓戒に、彼はハッキリ自分を取り戻した。その後の彼はあらゆる誘惑を斥けて専心社務に勉励、遂に平社員から累進して、重役の椅子を獲得するに至つた。社から社を渡り歩き、常に俸給の少い不平を洩す、サラリーマンの多い現代に、前郵船重役安田柾氏の若い頃の、この話は慥かに一服の清涼剤である。

（昭和十年十二月）

腹のたつ時

今はさうでもなくなりましたが、十數年前までの私といふものは、大へん怒りツぽい男でした。何しろ辯護士をしてゐて怒りツぽいのですから仕末がつきません。お客を怒らせる、法廷では裁判長を怒らせると言つた按排で、職業上では非常に不利でありました。

まあ職業上のことは、ともかくとして、第一私の人格といふものを人が疑ひます。そのことに氣付きますと、コレハ惡い癖だ、何んとか矯正する方法はないものかと考へたのです。が、これは一朝一夕になほるものではありません。所謂精神修養といふヤツをやらなければならぬ事に氣付きました。

そこで嚇ツとする場合でも「この時だ、辛抱せよ辛抱せよ！」と肚に命じて、怒りを鎭めてゐましたが、どうもそれだけでは納らない場合があります。これではならぬと、今度は怒つた場合には、自分の顔を鏡に寫してみようと考へた譯です。

考へても見て下さい――自分の怒つた顔が鏡に寫つた時の光景を、その顔を見た時には、流石の私も、醜い不愉快な顔に、自分乍ら愛想がつきて、思はずハッハ、ハッハと所謂微苦笑がこみ上げて來ました。

(これはいゝ事を考へついた)と、それからズットその手を使つて來ましたが、考へてみると、歳を取つた者にはあまりいゝ圖ではありません。他處から見てゐたら、サゾ變だらうと思つて、こんどは見て笑はずに居られないやうなお面を掛けて置いて、腹の立つ時にそれを眺めてゐようと思ひついた譯です。早速銀座の松屋へ行きますと、笑つてゐる翁の面がありました。その福德圓滿な顔を見てゐますと、流石の私もニコ〳〵として來ます。早速、購はうと致しますと、五十圓だといふことです。「それを下さい。」と言つたものゝ鳥渡頭をひねりました。がまた一面よく考へてみると、五十圓で私の心がなほるものならば、大いに安い、といふので買つて來ました。そして座敷に掛けて置いたのですが、客などに對談中、氣に觸ることがあるとスグそれを見るのです。不思議に朗らかな氣持ちが蘇つて來ます。

そんな譯で昨今ではめつたな事に怒らなくなりました。まだ〳〵私の人格には缺點がいくらもありますから徐々になほして行きたいと思つてゐる譯です。

この間も武州高尾山へ參詣しますと、參道に蝮を賣つて居りました。はじめは買ふつもりもなかつたのですが、効能を聞いてゐるうちに、遂い買ふ氣が出て一匹求めました。まだ生きてゐる蝮で腹が赤く信州の山の中から獲つた逸物だと言つてゐました。これを燒酎につけて、チビ〱呑むと大へん元氣がつくと言ふのです。

さて、その蝮を罎に入れて貰つて自動車に乘つたのですが、フト思ひました――自分は今どこと言つて、病氣がある譯ではない。たゞ元氣をつける爲にこの生き物を殺すのだが、考へてみると、殺生のことだ、いつそ逃して遣らう。と、運轉手に賴んで桑畑へ逃して貰ひました。

そして、また自動車に乘りましたが、一丁も行かないうちに、コレハ飛んだことをした、と考へついたのです。と言ふのは、もしあの蝮に嚙まれて、人が死んだならば、一匹の蝮を助ける爲に取り返しのつかぬことになる、と、再度自動車を引返へさせて、運轉手と私と桑畑中を探しましたが、もうその邊には影も姿もありません。

家へ歸つてからも氣になつて、それから四五日といふものは、非常に不愉快でした。善い事と思つてしたことも、結果に於て非常に悪い結果を招くことがありますから、よほど氣をつけねばならぬと膽に命じた譯です。

私は過去に於て、不德義のことをした覺えはありませんが、然しまだ之れと云ふ陰德を施したこともありませんから、これからソロ〳〵社會の爲、人の爲めに幾分なりとも盡したいと考へてゐます。

その手始めに、こゝ一二年のうちに本當に困つてゐる憐な人々のために、無料で刑事々件の辯護を引受けようと思つてゐます。尤も困つてゐると言つても、町村長の證明があつて、相當重大事件のみを辯護したいと思つてゐる譯です。今日からでも始めたいのは山々ですが、色々の都合があるので都合付き次第、私の終生の事業として、盡してみたいと考へてゐます。

（昭和二年三月十日）

贈答品の常識

贈答品は、すべて、喜び事とか、悲しみ事、その他中元、歳暮などといふ風に、その場合〻〻にふさはしい物を選むといふことが先づ最も大切である。

ある人が、お通夜に行く時に、どうせお通夜のことだから大勢で酒を飲むだらうと、粋を利かした心算で、酒を持つて行つて佛前に供へた。しかし、たとへお通夜の時に酒を飲むところも多いからとは云へ、酒を供へるといふのは大概祝ひ事の場合にすることで、お通夜の佛前に酒を供へたりするやうでは非常識極まる奴だと云はれても致し方がないやうに思ふ。

すべて贈物には眞心を籠めることが肝腎である。見榮や外聞から、身分不相應な物を贈答したり、ほんの義理一遍の氣持で、役にも立たぬ物を遣り取りすることは、無意味な虚儀虚禮に流れてしまふ。決して金高の高い物さへやればよいといふものではない。そんな事をすれば、却つて非常識を笑はれる場合の方が多いものである。

一體贈物は、必らず先方の爲にもなり、喜んでも貰へるやうな物を選ぶことが大切である。酒の嫌ひな人のところへ酒を持つて行つたり、煙草の嫌ひな人へ煙草を贈つたりするやうなことは、貰つた方でも却つて有難迷惑で、それでは眞心が通じて、喜んで貰へるどころではない。

貰つた方が一番強く相手の眞心が感じるのは、贈り主が自分で丹誠した手作りの品とか、その屋敷に出來た物などを贈られた時である。たとへ他の人から見ては、あんなつまらない物がと思はれるやうな品でも實に嬉しいものだ。

例へば、葉のついた蜜柑や柿などを、これは家の庭に出來た物ですがといつて持つて來てくれたり、たとへ二三尾の魚でも、漸くこれだけ釣れたものですから、早く先生にお目にかけようと思つて持つて來ましたなどといつて提げて來られたりすると、どんな立派な箱入りの品や高價な大鯛などを貰ふよりも數倍嬉しいものである。

又、どんな品物でも、「これは私の土地の産物です」と、一寸簡單には、手に入れることの出來ぬ地方の名産を贈られたり、或は、たとへありふれた品でも、忙しい旅行の途次、自分の好物を贈られたりすると、かほどまでに自分のことを心にかけて居てくれるのかと、並々ならぬその人の好意に對し、云ふに云はれぬ嬉しさと感謝の心に浸るものだ。當節の樣に便利な世の中ではかうした品物も中にはデパートあたりで求めることも出來るけれども、かうして心を籠めてあると、その物の價が、千倍にも萬倍にも感じられるのである。

盆や正月などには、往々贈答品が轉々と次から次へと流用され勝ちのものであるが、これは誠意の籠つてゐない證據で、それこそ義理一遍の虚禮に流れた仕打である。

殊に非常識な人達になると、貰ひ物をその儘次へ廻し、廻された家で又それを他へ流用してゐるうちに、鴨などは、最後の家で食べようとする時分には全然腐つてしまつてゐるといふやうな失禮なことが往々起り勝ちである。

本當に相手を思つてする贈物には、たゞありふれた物をその儘贈るといふだけではなく、ほんの一歩進んでその心持が籠められてゐるものである。この「ほんの一歩」の心盡しが、非常に大切である。

例へば、ハンカチを贈るにしても、その儘ではなく、一寸相手の頭文字を入れるとか、出産のお祝ひに贈るベビー服などでも出來合ひの品でなく、手編みの帽子や手縫ひの服をつくるなど、さういつた極く些細な心遣ひではあるが、その爲に本當に相手を思つてゐる心持が現れて、貰つた方ではどんなに嬉しく思ふか分らないものだ。

人が亡くなつた時に贈る香奠といふものは、人によつては、例へば五圓贈れば、その金額が返らぬ迄も三圓位のものは返つて來るものだと豫期してゐる方がある。がしかし、金錢にしろ品物にしろ、元來贈る以上は、決してそれが返つて來ることを豫期したり、又それを目的として贈るべきものではない。香奠に限らず、すべての贈物は、贈つても別に苦痛も何も感じない程度の身分相應のものを贈ることが大切である。

又、香奠のお返しをする方でも、出來ないお返しなら全然しない方がよいと思ふ。この間も、私のところへ香奠返しとして盆が届いたが、これは現在私が生活の一部を助けてゐる親戚の者から來たものであつた。生活を助けてゐる位だから、香奠などを贈つても、それが葬儀費の一助にでもなれば結構だと思つてゐたので、別に返して貰ふつもりなどは少しもなかつた。從つて、さういふ物など、他所へ持つて行くのならまだしも、私のところへわざ〳〵持つて來るとは何事だ、生活の世話になつてゐる內輪も同樣な私の家などへ、さういふお返しを持つて來たりして一體何になるのだと、大いにその心得違ひを訓したが、すべて贈物に對するお返しには、かういふ點に特に注意しなければならぬのではないかと考へる。

お返しは、普通贈られた物と同じ位のもの、香奠返しなどは一般に半分位のものを返すのが大體の例のやうに思ふ。しかし、自分より目下の者から貰つた場合には、眞逆半分といふ譯には行かぬから、同じ程度か、或ひは二倍三倍のものを返すこともよいだらう。

普通の贈物ならば、相手の好意に對して返禮をするといふことも亦結構であるが、しかし香奠の場合などは、その返しをすることが出來るやうな場合には、その返しをする代りに孤兒院とか、その他のいろいろの社會事業などに寄附するのが本當ではないかと思ふ。將來は是非さうなつて貰ひたいと考へてゐる。

一寸人を訪ねる時の手土産といふものは、支那や日本だけにある東洋人の習慣で、決して西洋にはない。昔支那などでは殿様に拜謁したいと思へば必らず澤山の金銀財寶を賄賂に持參しなければ會へなかつた。日本でも忠臣藏の吉良上野介などを見れば分るが、賄賂がなければ物事を敎へなかつた位である。かういふ風に、東洋では昔から賄賂が盛んに用ひられてゐた爲に、それが變つて手土產といふものが生れて來たのだと法律學者のモンテスキューなどは云つて居る。つまり、手土產は賄賂の變化したものだといふのだ。

この論からみても、人の家を訪問するのに無闇に名刺代りに物品を持つて行くことは、考へものではないかと思つてゐる。

（昭和八年二月）

畫訓二題

親子の情

午になると茶店はいつもの樣に賑はつた。其時身にぼろをまとひ手に古ぼけた三味線を持つた瞽女が十六七と思はれるうら若い娘につれられて茶店の床几にそつと腰を下した。かんざしも欲しい赤い布も買ひ度いであらう、若い娘が髪を無造作に束ね、「色の褪せた着物一枚、尻切れの草履をはいた足には長い旅の疲れさへ見える。娘は奥へ入つて、そつと主人に尋ねる。「御飯に味噌汁いくらですか」「十五錢だよ」娘は財布を開けて勘定してゐたが小聲で「では一人前丈下さい」と注文した。やがて運ばれて貪る樣に飯を食べ初めた母を娘はうれしさうに眺めた。母は時折飯を膝の上にこぼす。娘はその一粒々々をそつとつまんで食べる。「おまへ御飯を食べててゐるのかエ」と母親、「えゝお汁もいただいてゐます」とごくりと茶を呑んで見せる娘。盲目になれば棄てゝ行く人の多い世の中に母にかしづき孝養をつくす、この娘の、美はしい心情に、貧すれば親子さへ相せめぐ世に、娘に優しい言葉をかけるこの母の愛情に、なみ居る者おのづと頭が下つて涙を流さぬ者はなかつた。

少尉と握飯

砲煙彈雨縱横に馳驅する騎馬の蹄に濛濛とあがる黄塵萬丈、劍戟の響、突貫の叫聲、話は日露戰爭の時の事である。旭旗の向ふ所敵なく皇軍はひたおしにおし寄せて奉天城間近くに進んだ。最後の決戰は、一分間後か一時間後かそれとも翌日の佛曉か俄かに豫想し難い。今にも逆襲があるかもしれぬ、闇に紛れ枚《ばい》を銜んで夜襲に出るかもしれぬ。胸のつまる樣な緊張の時が刻々と流れて行く。N少尉は支給された一個の握飯を背嚢から取出した。連日連夜の奮戰に體は綿の如く疲れ、胃は激しい飢を訴へてゐる。がぶり一口かぢりつかうとした其時、背後に聯隊長の聲、

「N少尉」

「ハッ」

少尉は立上つて擧手の禮、かなぐり捨てた握飯はころ〳〵轉んで溝におちた。

「第三中隊の應援だ」

劍を拔いて先頭に立つ少尉の凛々しい姿一個の握飯一人の命を、一國の大事の前に弊履の如く捨てる愛國熱血の少尉、かくの如き力強き人あつてこそ日本は大捷を博したのではあるまいか。

此話を憶ひ出す度に、私は涙ぐましい感激を覺える。

（昭和二年十月）

一家倒産の憂目に遇つて

私は、かの有名なる大分の宇佐八幡宮から約一里離れた一農村に孤々の聲をあげた。先祖は長い間その土地に住んでゐて、母が和氣淸麿公末裔と云はれてゐる和氣家から嫁いで來たりして、私の家は田舎では相當の名門であつたそれ故、士族ではなかつたが、帯刀を許されてゐた所謂豪士であつた。

私の父が業を繼いで一家を切盛りするやうになると、今まで祖父の時代までは左程でもなかつた財産を一時に增やし、釀造業を始め、家運も旭の上る如く榮えて來た。すると、こゝに同じ村に或る名家があつたが、私の家が繁昌して行くにつれて衰へかけたため、それを嫉んで根に持つたのであらう、本多九十郎といふ同村の貧乏人が、その名家から四五千圓借りたに就いての保證人に、私の父がなつたといふ證書を僞造した。これは私の父が借金をしたとしては誰も信用しない。何故かなれば私の家は借金しなければならない必要がなかつたからである。それ故、村の貧乏人の本多九十郎が借金をしたとして、その保證人に私の父がなつたと作成したのである。もとよりこれは根も葉もない作り事であつた。

その後、證書作成の日限より五六年經つて、この借金の支拂を先方から私の父に請求して來た。父は露聊かも身に覺えがないので、斷然とこれを拒絶した。しかし、先方の請求は矢のやうで、幾度も言ひ募つた結果、遂に先方は大分の地方被判所へ訴へて出た。

かくする中に肝腎の本多九十郎が死んで了つた。元來父は昔氣質の頑固者で、何等保證人とならなかつたものを、今更拂ふ義務がないと何處までも言ひ張つて、辯護士すら頼まうとはしなかつた。唯その際、同郷の元田肇氏が辯護士になつたと言ふて郷里で大いに持て囃されてゐた時なので、巖井行春とかいふ人に頼んで、この事件を元田さんに鑑定して貰つた。すると元田さんは、大丈夫だと言つた。それ故、父は猶更辯護士の不必要を力說して、全然つけなかつたのであつた。ところが債權者の方では辯護士を四五人もつけ、法廷で爭つた結果、私の方が見事に負けて了つた。

證書に記載されてある金額は四五千圓であつたが、利息を加算すると元利合計一萬圓近くにもなつた。當時は今から三十七八年前のことで、明治二十二三年に當るから、一萬圓といへば頗るの大金であつた。私の家は當時裕福であつたとはいへ、この大金をおいそれと出すわけには、行かなかつた。

　先方からは判決に基いて、突然假差押へをしに來た。私はその頃七つ位だつたと記憶するが、村長、警官、辯護士、執達吏等がどか〳〵と揃つて來て、三棟あつた酒藏に封印するのを、如何に胸を轟かせて見てゐたことだらう！　時は恰も十一月の末の冬で、外には木枯が吹きあれてゐたが、私の家運は忽ち一沫の雲となつて木枯に吹き飛ばされて行つて了つたかのやうに、私は幼な心にも人知れず悲哀を嚙みしめた。その時の一家中の混亂がどんなであつたかといふことは、當時は丁度酒造稅を納める時期で千圓位の金を用意してあつたが、母がその金を執達吏が來たといふので帶の中に隱し入れて、その稅金まであとで行方不明になつたことでも知れる。

　その後、二日ほど經つた頃である。私は小學校から歸つて來ると、母が獨りしよんぼりと竈に火を焚いてあたつてゐた。私達の田舍の竈は東京式ではなく、地面に直接にあるのである。が、私は母の橫へ行つて、かじかんだ手を出した。母はその時、戶外の木枯に耳を傾けながら、しんみりと私に話した。

「一昨日は差押へに來たが、家も、田地も、藏もみな取られて了ふ。明日からは頭陀袋を下げて、方々を乞食して貰ひ步かねばなりません。」

そして、母は泣いた。私は尋常一年級だつたが、繪を紙に書くと近所の人が、よく、ボンチさんは非常に繪が上手だと褒めてくれたので、きつと自分でも上手だと思つてゐたと見えて、小ざかしくもかう言つた。

「お母さん、そんなにお泣きなさるな。わしは繪をかいても、お母さんを養ふから、心配なさるな。」

と。

その後、事件は控訴院でも敗訴となり、私の家は產の大半を傾けたが、今日までどうかかうか平和に暮らしてゐた。しかし、私達を苦しめた本多九十郎や、債權者側の人々は、今日全く立ち行かぬやうな有樣になつてゐる。それは兎に角、母は私にも一通り勉强せよとすゝめたので、私も笈を負うて東都にまなぶ身となつたが、殆んど苦學の生活で、學資金をつましくやるために、三島中洲先生が麴町で經營してゐた二松學舍へはひつた。寄宿料は安かつたが、天井は新聞紙を貼つてあつて、鼠が飛び廻る巢で、全くひどいところであつた。父はどちらかと言へば氣の弱い人であつたが、母は氣丈で、成功するまで歸るななどと言つたので、私は粗末な生活をしながら學問に勵むことが出來た。

私はそのうち辯護士を志した。それは、一家に前述の樣な事件があつた關係から、私も一つ法律を學んで辯護士にならうと思つたのである。それも民事を取扱ふ辯護士になると、必ず勝負があるから、自分が頼まれた方が勝てば先方に恨まれ、自分を頼んだ人が負ければ、自分は力足らずとして恨まれる。だから誰からも恨まれない、人を助ける辯護士、即ち正義の味方として、刑事々件を専門にやる辯護士にならうと決心したのである。

今にして眼を閉ぢ昔のことを憶へば、嘗て母が竈を圍んで泣きながら私に言つた當時の有様がありありと髣髴する。一日としてその日のことを忘れる日とてはない。

（昭和二年四月）

忘れ得ぬ母の一言

私の實家は地方切つての釀造家であつたが、私の少年時代に詐欺にかゝり、家運が傾き、勢ひ郷里にあつて父母を手助けしなければならなかつたが、向學の心に燃えてゐた私は、やつと母を說得して上京することになつた。笈を負うて上京するその前夜、忘れもしない木枯の強い晩であつたが、母は爐に榾をたきながら「私が死んでも學業半で決して歸るな、これには私の魂が籠つてゐる。私の魂がいつも付添つてゐるから怠けず決死の覺悟で勉强するやうに」と物柔かく諭して嫁入當時の懷劍を私に手渡されました。

熱い涙に濕んだ私のひゝゝとみにしわいの多い母の手が燒きつくやうに映じた。一口の懷劍それを私は今もなほ肌身離さず持つてゐる。その日、その時の母の強いこの一言は今も生々しく私の耳底に殘つてゐる。

花井卓藏博士

多數の先輩を措置きまして誠に非禮とは存じますが幹事からの指名が御座いましたので僭越ながら一言御挨拶申上げます。

明治初年代言人制度が設けられまして以來同業者の數は實に萬を超え、一代の俊髦秀才綺羅星の如く輩出致しました。現に國務大臣として廟堂に立つたものも九名の多きに上つてゐるのでございます、然しながら花井博士の如く辯護士として、其の盛名を中外に謳はれた人は未だ嘗て一人もございません。今より廿五年前私が大學生の時代に流行した家族合せの骨牌の內に辯護士花井卓藏と云ふのがあつた事を記憶して居りますが、これは云はずもがな花井博士を指してゐるのでありまして、當時已に、如何に世上に喧傳されてゐたかが判ります。爾來辯護士花井の名は三才の兒童すら知らぬ者なき狀態でありまして、花井と云へば直ちに辯護士を思ひ、辯護士と云へば花井博士を聯想する程有名であります。

然し私共後輩とし此際考へなければならぬ事は何が博士をして斯く大成せしめたのであるか、此の點につき私の見る處を少しく申し上げて見たいと思ひます。御暑い時で御迷惑とは存じますが暫くの間御許しを願ひたい。

第一に博士は職務に非常に熱心であらせられました。私は今日まで博士と御一緒に、何十回となく辯護に參りましたが、博士は汽車の中でも能く記錄の調査を怠られなかつた。宿についても長旅の疲れを意とせず、博士は必ず午前一時二時迄も机に向つて研究してゐられると言ふ有樣でありました。又如何なる小事件に對しても大事件に對すると同じく、全力を傾け眞摯な態度で辯護されるのでありました。實に職務に對する燃ゆるが如き此の熱誠、武士が戰場に於けるが如き緊張味に對しまして、私共は幾度か感嘆した次第でございます。

第二に博士は辯護を天職と心得、樂しみとしてゐられました。生活の爲の辯護、辯護を好む底の人は數多くありませうが、是を樂しみとしてゐる人は洵に稀であります。博士は少々位の風邪や下痢は辯論すれば直ぐに治るとの事であります。斯樣な事は私共には到底想像の出來ない境地と存じます。

好レ之者、不レ如ニ樂レ之者。と孔子が言つてゐますが博士の如き無念無想の境地は我々の理想とする所で、凡人の容易に到達する事の出來ない貴い境地であると存じます。

第三に博士は非常に責任觀念の強い方であります。それについては一つの挿話がございます。四十年の間に博士が取扱はれた事件は萬にも達して居ませう。その中で博士がたつた一度失敗された事があります。それは或刑事々件の上告を依頼されたが、事務員の不注意から上告趣意書の提出期間を過つて經過させた。長途の旅から歸宅した博士はその事を事務員より聞きまして愕然色をなし、旅裝もとかず其の足で直に上告人（被告人）の住所地山形縣の片田舍へと急行されたのであります。博士は依頼者に一應の御詫を申された上「嘸かし御腹立ちの事と思ふ、この上は貴下の氣持の治る樣に存分にしてもらひたい。辯護士をやめろと仰言ればやめませう、損害金を出せと仰言れば夫れも出します」と誠意を籠めて話されました。

所が依頼者の方では却て恐縮して「いやこれも運命です、どうか御氣に留めない樣に」と非常の歡待をしたとの事であります。

更に博士のその頭腦な事は世間已に定評があるので今更此處に申すまでもありません。其推理力の透徹せる、其記憶力の旺盛なるは正に天下一品とでも申しませうか、博士は以上申した樣な長所を持たれて而も職務に熱心、一路精進せられたのでありまして、博士の今日あるは宜なるかなで御座います。博士の今歩んで來られました長い道程の一擧手一投足は私共後進の大いに學ぶべき所であり又、辯護士界に於ける指南者として萬人の敬仰措く能はざる所であります。

かくの如く博士は十年一日の如く人權擁護の爲め全努力を傾注されましたが、同時に他方面に於ては我國の立法上に偉大なる功績を顯はされたので御座います。御存じの如く數多い現行法中、博士の御手を煩はさぬものはないのであります。博士こそは眞に辯護士としての國寶であると申しましても敢て過言ではございません。

羅馬の古賢が「人は法に生れ、法に活動し、法に死す」と云うてをりますが、わが花井博士こそは實に辯護士に生れ、辯護士として活動せられたのでありまして、どうか今後とも辯護士として、終始一貫して頂きたかつたのでありますが今や辯護士界を去られたのは返す〲も遺憾の極みで我我法曹として云ひ知れぬ淋しさを感ずるのであります。然しながら博士は辯護士をやめられても全く辯護士界と絶緣されるのではなく、大に蘊蓄を傾けてこれ迄御取扱になつた大事件の辯論を整理編纂されるとの事でありまして、この過去の總決算は私共後進にとつて重大なる意義があると存じます。從て私共は此際寧ろ博士が辯護士界を去られるのを喜んで御送り致しませう。どうぞ博士におかせられましては、自重自愛益々邦家の爲御盡し下され、又私共の爲に引續き御指導御誘掖賜はる樣切に御願ひする次第でございます。

（昭和五年十月）

祝辭

薫風帝都に滿つ六月六日　聖上臨幸記念碑の除幕式をあぐるに當りまして、不肖この盛典に招かれ末席を汚すを得ましたのは、一生の光榮、一代の感激、これに過ぐるものは御座いません。

遠く歴史を按じまするに、司法權の毅然たる獨立、今日の如き嘗てなかつたので御座います。舊幕時代は更なり明治新政となりましても司法省は行政省の手足の如く見なされ、完全なる獨立を期し得なかつたかの觀がありました。大津事件の當時を回顧致しましても、思半ばに過ぐるものがありませう。然るにその後朝野法曹諸先輩が、不斷の熱誠努力によりまして、躍進又躍進、一昨秋陪審法實施の運びとなり、こゝに名實共に世界に誇るべき法治國の地位に進みました。

翻つて社會の實狀を通觀致しますに、政界と云はず實業界と云はず、腐敗墮落その極に達し、民衆はその倚るべき所に迷へる觀が御座います、思ふに一國の民衆、その倚るべく信頼すべき所を失ひましたならば、その結果は如何で御座いませう。想像するだに慄然たらざるを得ません。この時に當りまして、諸先輩の血と肉とに培養せられました司法權が、獨り毅然として其の光を放ち、迷はず偏せず、民衆をしてその倚るべき方向を示せるは英國を除いて他に類例のない所でありまして、誠に同愛至極に堪へない次第で御座います。

此時に當りまして、昭和三年十月一日陪審法實施當日　聖上親しく中央法衙に聖駕を進めさせられ、司法裁判は社會の秩序を維持し國民の權義を保全し國家の休戚之に繫る今や陪審法實施行の期に會す、一層活動「奮勵せよ」その優渥なる詔勅を賜はりました司法制度上一つの劃期的記念日に際しその御招勅は正に司法裁判に新しい針路を示されたものでありまして、聖意の深きを恐察し、社會の現狀を顧みる時更に感激を新にする次第で御座います。私等其の職にある者朝に夕にその記念碑を仰ぎこれに親しみ聖慮の存する所永久に私等の胸裏を去る事はありません。

其日其時の光榮と感激こそは司法權の獨立する限り、日本帝國の……………………司法權發達獨立の原動力となり、炬火ともなる事を確信して疑ひません。

在野法曹を總代しまして愚見を述べ、一言祝辭に代える次第で御座います。

（昭和五年六月六日）

自殺

ハラキリ、シンジュウの國、武士道華やかに人情美世に冠たるニッポン。しまの財布にのろはれて腹を切る勘平、この世の名殘り世の名殘り、七つの時が六つ鳴りて等と、大近松があやしき筆に自殺が美化されると、自殺せぬのが馬鹿のやうに思へる。然しだ。最近學者の略一致した意見「自殺未遂の三割乃至四割は精神病者、六割乃至七割は精神變質者である。」によれば、日本には何と松澤病院的人物の多かつた事であらうか。更に情死禮讃の近松に至つては、正に精神病學史のピカ一である。

一歩讓つて精神病者でないとしても、精神に何等か缺陷のあるもの、自殺の原因についての認識の不足があるのだとはいひ得るであらう。生きてゐるのが眞實厭になれば、自殺するのもやむを得ぬし、成程當然な事だとは思ふが、つきつめて何故厭になつたかの原因を究める時、私は不幸にして極めて自然な原因を發見した事がない。秦の始皇は蓬萊に不死の藥を求め、コロンブスは不死の藥を得んとしてアメリカを發見した。それ程人間は自己本能が極めて強い。人間は苦しい時でも尙生きてゆくやうに造られてゐる。自殺する程のつきつめた氣持で生きて行く人こそ望ましいのである。はちきれる生活力を持つた人間は、死の幻影に惱まされる事がない。從つて、私は自殺者が手段として自殺を選んだ事については同感が出來ない場合でも、その原因心境に對しては多大同情を禁じ得ない事がある。

古人は一般に運命に服從し、それに安住してゐた。義理と人情に絡まれ兩親が許さねば二人は心中の經路をたどる。藩主の死亡、重大な過失。其の場合は自殺すべきものと決めてゐて疑はなかつた。近代人は運命に服從しない。反抗して新しい運命を開拓しようとする欲求を持つてゐる。持つてゐながら抗するだけの力に缺けてゐる。そこに近代的自殺の原因があるやうに思ふ。も一つ社會學者クーレーの言を借りていへば自殺は時代病の一つである。奢し病、過勞病、煩悶病、都會病はそれである。

最近寺內大尉夫人が德川末期的殉死をした。この例外を除いて、野村隈畔にしろ、有島武郎にしろ、芥川龍之介にしろ、德川末期的心中乃至は自殺と類を異にしてるではないか。たれかの小說に特種といふのがある。幾ら働いても特種の取れぬ新聞記者があつた。せうさうの余り、遺書と寫眞を懐中にして自殺した。本社あての遺書には私の死は本社の特種ですと書かれてあつた。近代的自殺の好適例ではないか。

自殺には法律上何等の制裁がない。從つて刑事上の問題になる事は滅多にないが、最近の現象で自殺の擴張として見るべき一家みな殺し又は子殺し事件がしば〳〵問題になつてゐる。個人主義生活の差異からかドイツあたりでは親子心中は年四組位にすぎないが、日本では大正十三年から十五年までの統計によれば一ケ年約百五十件といふ断然優勢を示してゐる。

私の扱つた事件にこんなのがあつた。生活難のために子供を負つて玉川上水に投身したが親子共に救助された殺人未遂の事件。某伯の甥の妻が家庭不和のため死を決し子供を絞殺し自分は毒をのんだが助つた殺人罪。兩件共執行猶豫で落着したが、かうした事例が最近ます〳〵増加の傾向にある。何故子を殺すか。親の死後に辛酸を嘗める子供を思ひやつて、一思ひに殺す親の慈悲心に無理はあるまい。穂積博士は、「親が子供を自分の持物だと考へ、子供の人格を重んじないからさうした悲惨事が起る。子供は親だけのものではない。親が死ぬなら國家は養育を手傳ふべきだ」といふ。然り、女房喜べせがれがお役にたつたぞや式思想から今日解放されてもよい時ではなからうか、國家よしそんな余力を早く示してもらひたい。少くとも一家みな殺し位は防止出來るやう望ましい。

ロンブローゾはいふ「犯罪者は他人の生命を尊重せぬと同様自己の生命を輕視する」と。然しながら社會が複雜相を帶び生存競爭が激烈となるに從つて生活難、入學難、結婚難等に自殺の原因となるべきものは歳と共に增加し、三面記事に自殺心中の載つてゐない日はない。しかして心中未遂は刑事事件となりいよ〳〵益世相の險惡を傳へてゐる。

ロンブローゾは文明は犯罪的だといふ。確に文明は偉大なる自殺ほう助者である。

（昭和四年九月二十六日　東京朝日）

辯護三十年

昭和拾貳年壹月廿五日印刷
昭和拾貳年壹月參拾日發行

定價貳圓

著作者　塚崎直義

發行者　東京市神田區淡路町貳丁目七番地
岡村祐之

印刷者　東京市神田區小川町二丁目十二番地
西川喜右衛門

印刷所　東京市神田區小川町二丁目十二番地
株式會社秀工社

發行所　東京市神田區淡路町貳ノ七
電話神田二〇一〇——一一
振替東京二五九三五番
岡倉書房

名家隨筆撰（岡倉版）

本因坊秀哉著	本因坊棋談	二、〇〇
小林一三著	奈良のはたごや	二、二〇 一、〇〇
鏑木清方著	銀砂子	二、五〇
今井慶松著	松の吹き寄せ	一、八〇
塚崎直義著	辯護三十年	二、〇〇
竹越與三郎著	倦鳥求林集	二、三〇
吉井勇著	娑婆風流	二、〇〇
藤田嗣治（繪） 柳澤健（文） 共著	世界圖繪	二、三〇

正誤表

	誤	正
八頁六行目	土佐で敢行された	土佐で刊行された
四一頁十三行目	然し、五・一五事任は	然し五・一五事件は
四三頁十一行目	朝憲紊亂目的を	朝憲紊亂の目的を
五二頁三行目	爾來も朝野法曹の	爾來朝野法曹の
五七頁一行目	他戒の目的が達して	他戒の目的が達せられて
五八頁四行目	かやうに見方の異にする	かやうに見方を異にする
一二二頁十二行目	ようく〳〵氣を	よく〳〵氣を
一五〇頁八行目	殺した	毀した
二二八頁八行目	更は	更に
二八八頁六行目	花井卓藏	花野卓藏
二九八頁一行目	國家よし、そんな	國家よ、そんな

辯護三十年　　**別巻 1243**

2019(令和元)年10月20日　　復刻版第１刷発行

著　者　塚　崎　直　義

発行者　今　井　　　貴
　　　　渡　辺　左　近

発行所　信　山　社　出　版

〒113-0033　東京都文京区本郷６－２－９－102
モンテベルデ第２東大正門前
電　話　03（3818）1019
ＦＡＸ　03（3818）0344
郵便振替　00140-2-367777（信山社販売）

Printed in Japan.

制作／(株)信山社，印刷・製本／松澤印刷・日進堂

ISBN 978-4-7972-7362-5 C3332

別巻　巻数順一覧【950 ～ 981 巻】

巻数	書　名	編・著者	ISBN	本体価格
950	実地応用町村制質疑録	野田藤吉郎、國吉拓郎	ISBN978-4-7972-6656-6	22,000 円
951	市町村議員必携	川瀬周次、田中迪三	ISBN978-4-7972-6657-3	40,000 円
952	増補 町村制執務備考 全	増澤鐵、飯島篤雄	ISBN978-4-7972-6658-0	46,000 円
953	郡区町村編制法 府県会規則 地方税規則 三法綱論	小笠原美治	ISBN978-4-7972-6659-7	28,000 円
954	郡区町村編制 府県会規則 地方税規則 新法例纂 追加地方諸要則	柳澤武運三	ISBN978-4-7972-6660-3	21,000 円
955	地方革新講話	西内天行	ISBN978-4-7972-6921-5	40,000 円
956	市町村名辞典	杉野耕三郎	ISBN978-4-7972-6922-2	38,000 円
957	市町村吏員提要〔第三版〕	田邊好一	ISBN978-4-7972-6923-9	60,000 円
958	帝国市町村便覧	大西林五郎	ISBN978-4-7972-6924-6	57,000 円
959	最近検定 市町村名鑑 附 官国幣社 及 諸学校所在地一覧	藤澤衛彦、伊東順彦、増田穆、関惣右衛門	ISBN978-4-7972-6925-3	64,000 円
960	鼇頭対照 市町村制解釈 附 理由書 及 参考諸布達	伊藤寿	ISBN978-4-7972-6926-0	40,000 円
961	市町村制釈義 完　附 市町村制理由	水越成章	ISBN978-4-7972-6927-7	36,000 円
962	府県郡市町村 模範治績　附 耕地整理法 産業組合法 附属法令	荻野千之助	ISBN978-4-7972-6928-4	74,000 円
963	市町村大字読方名彙〔大正十四年度版〕	小川琢治	ISBN978-4-7972-6929-1	60,000 円
964	町村会議員選挙要覧	津田東璋	ISBN978-4-7972-6930-7	34,000 円
965	市制町村制 及 府県制　附 普通選挙法	法律研究会	ISBN978-4-7972-6931-4	30,000 円
966	市制町村制註釈 完　附 市制町村制理由〔明治21年初版〕	角田真平、山田正賢	ISBN978-4-7972-6932-1	46,000 円
967	市町村制詳解 全　附 市町村制理由	元田肇、加藤政之助、日鼻豊作	ISBN978-4-7972-6933-8	47,000 円
968	区町村会議要覧 全	阪田辨之助	ISBN978-4-7972-6934-5	28,000 円
969	実用 町村制市制事務提要	河邨貞山、島村文耕	ISBN978-4-7972-6935-2	46,000 円
970	新旧対照 市制町村制正文〔第三版〕	自治館編輯局	ISBN978-4-7972-6936-9	28,000 円
971	細密調査 市町村便覧(三府 四十三県 北海道 樺太 台湾 朝鮮 関東州)　附 分類官公衙公私学校銀行所在地一覧表	白山榮一郎、森田公美	ISBN978-4-7972-6937-6	88,000 円
972	正文 市制町村制 並 附属法規	法曹閣	ISBN978-4-7972-6938-3	21,000 円
973	台湾朝鮮関東州 全国市町村便覧 各学校所在地〔第一分冊〕	長谷川好太郎	ISBN978-4-7972-6939-0	58,000 円
974	台湾朝鮮関東州 全国市町村便覧 各学校所在地〔第二分冊〕	長谷川好太郎	ISBN978-4-7972-6940-6	58,000 円
975	合巻 佛蘭西邑法・和蘭邑法・皇国郡区町村編成法	箕作麟祥、大井憲太郎、神田孝平	ISBN978-4-7972-6941-3	28,000 円
976	自治之模範	江木翼	ISBN978-4-7972-6942-0	60,000 円
977	地方制度実例総覧〔明治36年初版〕	金田謙	ISBN978-4-7972-6943-7	48,000 円
978	市町村民 自治読本	武藤榮治郎	ISBN978-4-7972-6944-4	22,000 円
979	町村制詳解　附 市制及町村制理由	相澤富蔵	ISBN978-4-7972-6945-1	28,000 円
980	改正 市町村制 並 附属法規	楠綾雄	ISBN978-4-7972-6946-8	28,000 円
981	改正 市制 及 町村制〔訂正10版〕	山野金蔵	ISBN978-4-7972-6947-5	28,000 円